逃がした魚は大きかった…。

渓魚・アユ編

つり人社書籍編集部 編

つり人社

目次

渓魚編 Episode

山形県／赤川水系・八久和川のイワナ　意を決して飛び込んだが…。……岡部勝明　6
埼玉県／荒川の戻りヤマメ　手尻が長すぎて…。……千島克也　11
北海道／チャンベツ川のアメマス　持久戦の果てに…。……石垣尚男　16
東京都／多摩川のヤマメ　早すぎた遭遇が…。……杉山陸男　20
岐阜県／長良川のサツキマス　パワーに圧倒されて…。……白滝治郎　25
福島県／只見川支流・蒲生川のヤマメ　まさかここで、ヤマメが来るとは…。……高桑信一　29
宮崎県／一ツ瀬川支流・銀鏡川のヤマメ　強引に寄せてしまい…。……荒巻憲一　34
新潟県／三面川　取り込み場所の考慮が足らず…。……井上　聡　39
秋田県／子吉川のサクラマス　つい、ニヤけて…。……荻原　均　44
山形県／鮭川　「心」の鍛え方が足りず…。……矢吹　暁　49
福井県／九頭竜川　小型フック&細ティペットでサクラマスを取りたくて…。……安田龍司　54
岐阜県／長良川　サオの固着を恐れて…。……市川　洋　59

群馬県／渡良瀬川　ラインの傷を見て見ぬふりをして…。……川津　茂　64
長野県／犀川　ドラッグを締めすぎて…。……津久井利幸　69
山形県／湯井俣川　気分高揚により…。……川嶋伸幸　74
埼玉県／中津川　慢心して……。……風間俊春　79
長野県／犀川　回収間際に…。……杉浦雄三　83
富山県／北又谷　釣れすぎて…。……丸山　剛　88

アユ編　Episode

山梨県／富士川　イトを早く手繰りすぎて…。……加藤　清　94
山梨県／富士川　パワー不足…。……菊間将人　99
静岡県／狩野川　手尻が短い…。……田代篤範　104
静岡県／天竜川（宮崎県／五ヶ瀬川）　手前に突進…。……高塚靖弘　109
岐阜県／益田川　下れない…。……今井加津三　114
岐阜県／益田川　イトが見えない…。……中島清弘　119

高知県／吉野川　サオを早く立てすぎた…。……内山顕一　124
熊本県／球磨川　引き舟、タモを飛び越えた…。……西本憲治　129
熊本県／球磨川　弁慶の泣き所を強打…。……韮塚智彦　134
神奈川県／相模川　掛かり所が悪かった…。……大谷正則　139
福井県／九頭竜川　魚に付いて下れずに…。……酒井桂三　144
熊本県／球磨川　引き舟に入れる前に…。……韮塚智彦　149
神奈川県／相模川　オトリを送り込みすぎて…。……小泉正弘　153
山梨県／富士川　イメージトレーニングが足りず…。……市川　洋　158
東京都／多摩川　水温が高すぎる…。……小峰和美　163
秋田県／玉川　仕掛けもサオもパワー不足…。……菊池千秋　168
高知県／吉野川　長ザオか、短ザオか…。……内山顕一　173
岐阜県／長良川　仕掛けのチェックを怠って…。……白滝治郎　177

イラスト　石井正弥・北圃政司

渓魚編

写真は2006年、鬼怒川での井上聡さん。この日一番と思われる強烈な引きに耐え、必至にサオをタメたが……。しかしこのバラシの直後、40オーバーを見事釣りあげた

Episode 1.

山形県／赤川水系・八久和川のイワナ

意を決して飛び込んだが…。

岡部勝明

1956年生まれ。岩手県一関市在住。ホームグラウンドは山形県朝日連峰の八久和川。自己最高記録のイワナは52㎝。『源流釣集団夢源』代表。

●バラした！

大イワナに取りつかれて30年あまり。大魚を求めて各地を釣り歩き、ようやくたどり着いたのが八《や》久《く》和《わ》川である。ダムからソ上すると思われるイワナは、70~80㎝というビッグサイズも見られる。大イワナが溜まるその淵は「カクネの淵」と呼ばれる。初めて見た時にはあまりに大きなイワナの群れがいて、我が目を疑った。なぜ、その淵にだけ、その時期に集まるのか。これは、いまだにはっきりとは分からない。

大イワナが見られる時期は雪代の終わる7月20日前後の3日間ほど。風のない晴れ、または薄曇りの穏やかな日である。水深が徐々に浅くなる緩やかな流れの淵尻に20尾前後、40㎝から80㎝近いと思われるイワナが、ゆったりと泳いでいるのだ。

それからは毎年作戦を練り、山中3泊の予定でカクネ平のブナ林に野宿をする苦行が続いた。

2005年の釣行は悪天候のために日程が遅れ、7月20～23日の3日間になった。車止から20㎏のザックを背負い、約5時間でキャンプ地に到着。テント場にブルーシートを張り、まずはカクネの淵へ下見に行く。大ものをねらうなら、早朝か夕方の大淵が日陰になるタイミングが勝負だ。朝と夕方は警戒心が薄れ、エサを口にするはずだ。

ポイントへのアプローチは2通り。ひとつは踏み跡から水面まで約20mをザイルで下降し、ポイントの正面に立って仕掛けを入れる方法。もうひとつは淵頭の岩盤の上に立ち、サオをだすかである。今回選んだのは後者の釣り座。ブナ林の先端から身を隠すようにのぞく大淵には、やはり大ものが10尾ほど確認できた。

「しめた、やはりいるぞ！」

はやる心を落ち着かせて、作戦を練る。今は午後2時前。完全に淵が日陰にならないとエサに食いつかないことは、これまでに学んでいた。大ものをねらうなら一発勝負なので、午後4時からと決める。淵頭の水深のあるほうには、食い気のあるヤツが沈んでいるはず。ねらうのはその魚だ。なぜなら淵尻の姿の見える魚はエサに見向きもしないことが、経験から分かっていたからだ。

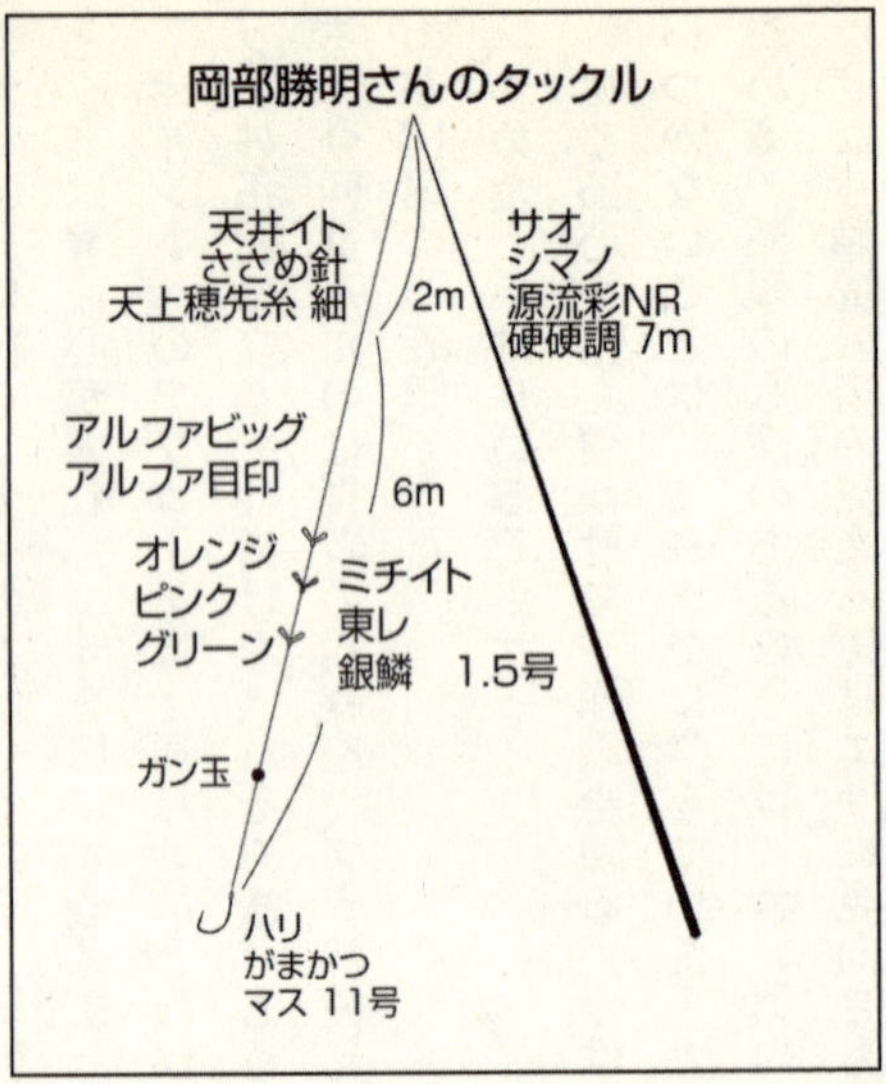

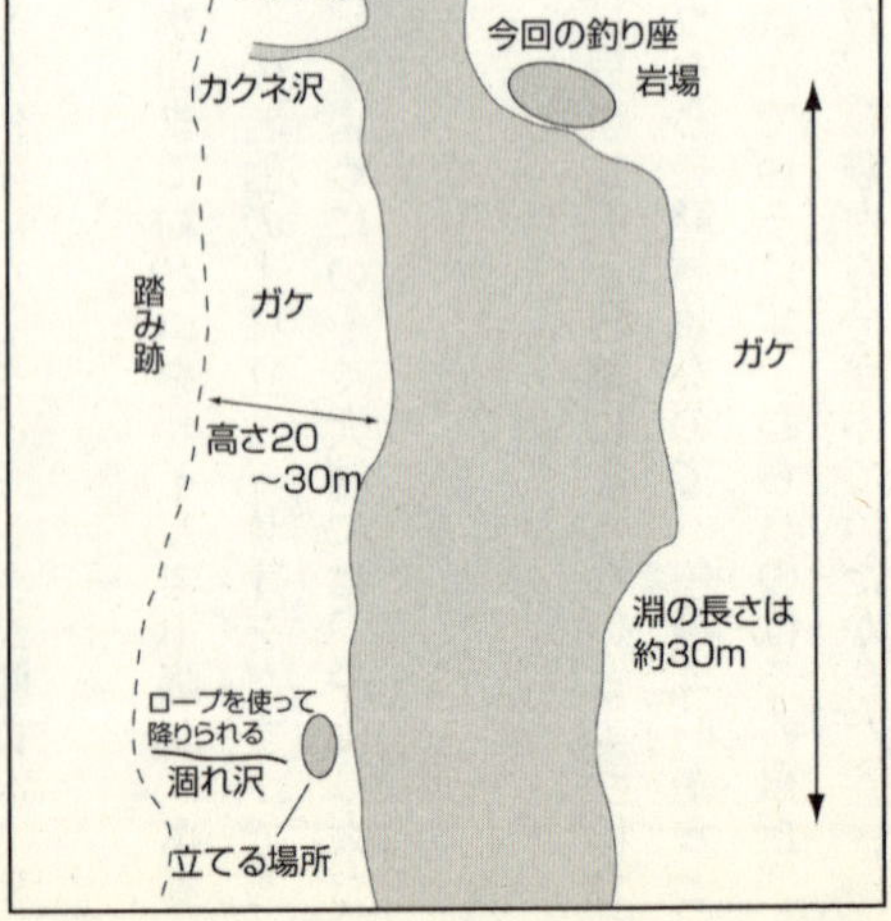

大淵の少し上流には、支流のカクネ沢が出合う。流れは狭まり、2mほどの落ち込みになっている。落ち込みの淵頭は底も見えぬほどの深さになっていて、大ものが潜むには相応しい雰囲気をかもし出している。テント場に戻り、1・5号のナイロンラインで仕掛けを作る。エサはドバミミズとシマミミズ（いずれも天然もの）を用意した。大ものが掛かれば、岩場の上から7mのサオでいなし、弱らせてから一気に抜きあげる作戦だ。

かつて釣った大イワナ。大鳥池に注ぐ東沢の52㎝

淵に着いたのは午後4時少し前。静かに仕掛けを入れる。4～5m沈めたところで、ツン、ツンと軽いアタリが。間違いなく40オーバーのアタリだ。すぐに合わせず一呼吸おき、次の軽いアタリで大きくサオをあおった。

サオはシマノの大イワナキラー『源流彩NR』。7mの長さと硬めの調子がものをいう。3回ほどの突っ込みをかわし、浮いた魚を暴れさせずに思い切って「せーの」で抜きあげた。これはまあまあの44㎝。だが、底にはさらなる大ものがいるはずだ。

ドバミミズの活きのいいのを付け2投目。今度はさらに6m以上沈めると、すぐにグウッとサオ先がしなった。やばい。これはデカイとすぐに分かった。サオ先が水面に刺さり、サオを立てられない。だが一発目の引きを食い止めれば、なんとかなるのはいつものことだ。何度かやり取りを繰り返し、魚は水面まで浮いた。しかしその魚体を見て、我が目を疑った。目測ではあるが50㎝をはるかに超え、60㎝近い。２m以上の高さを抜きあげるなど、不可能に近い大きさだ。

このクラスの大ものがいるのは分かっていたが、その時まで本当に掛かった後、どうするかを考えていなかったのが悔やまれた。瞬時に浮かんだ案は、バラすよりは飛び込んですくうこと。一瞬で決断し、サオを持ってドボンと２mあまり下の淵に飛び込んだ。計算では立ち泳ぎをしながらイトをたぐり寄せ、魚はタモに入るはずだった。しかし無情にもイトはわずかに遠く、つかみ損ねてしまった。大イワナは底へと消えていった。足が届く所まで泳ぎ、すぐさまイトをたぐったが、魚は岩のすき間に入り込んでしまったようだ。抜けないまま、結局はイトが切れてしまった。

●原因は――

振り返れば、いわば命がけのイワナ釣りだったようだ。予想外の大ものの取り込み場所を考えていなかったことが、今回の敗北の大きな原因だった。やはり50㎝クラスなどという超大ものが掛かるチャンスは少ないため、そこまで考えないことが多いように思う。

●この経験を活かして

この時の教訓を活かし、釣り場の足場は必ず確認することにしている。そのおかげか、同年９月９日に朝日連峰の東沢で、自己記録の52㎝のオスの鼻曲がりイワナをゲットすることができた。

Episode.2

埼玉県／荒川の戻りヤマメ

手尻が長すぎて…。

千島克也

1974年生まれ。埼玉県秩父市在住。ホームグラウンドは荒川で、ヤマメの最大魚は46cm。ほかに桂川で釣ったアマゴ49cm、石川県・犀川のサクラマス61cmなどが記憶に残る。『荒川銀影会』会長

●バラした！

大ものシーズンに私がサオをだす機会が一番多いのは、埼玉県を流れる荒川だ。ホームグラウンドであり、毎年良型の戻りヤマメが楽しませてくれる。一昨年（2008）は戻りヤマメのソ上がなく厳しい年だったが、昨年はよいシーズンだった。

昨年のソ上が始まったのが6月上旬。そのころに私は皆野地区でサオをだした。この日は荒川でサオをだす初日。それほど大型が釣れていたわけではないが、タックルは大もの仕様にしていた。

都市近郊河川の荒川
も上流は素晴らしい
景観が続く

サオは8mクラスの本流ザオを使用。ミチイトはオーナー『ザイト・渓流フロロ』1号で、ハリはオーナー『サクラマススペシャル』9号にした。このタックルで、私は数々の大ものを釣りあげてきたのだ。手尻は1・5m以上取った。

川のようすは昨年と違い、長い激流の瀬が目についた。激流をソ上したヤマメは必ずどこかで休むはずだと思い、ポイントを捜す。すると激流の上に緩やかな瀬があり、中州も見えた。まず中州の手前を流すがアタリがないので、中州まで移動。この中州は車1台分くらいの広さだった。

1投目、小さくコツッと手もとにアタリが来た。アワセをくれると、水中で魚がローリングしているのが見えた。

「きた！」

サイズもかなり大きい。しっかりタメを作って強い引きに耐える。手尻を長く取っていたため、余裕を持ってやり取りができた。やがて魚が岸に寄ってきたのでタモ入れを試みる。だが、なんと手尻が長すぎてタモに導くことができない。中州も狭く、後ろに下がろうにもそちら側の水深は深かった。そんなこんなでモタモタしているうちに、魚はこれ幸いとばかり、最後の力を振り絞って下流へ走った。そう、激流のほうである。人間も簡単に流されそうな勢いなので私は一歩も動けない。しかたがなく力ずくで魚の引きに耐えたが、その瞬間にパーンと大きな音が……。サオが折れてしまったのだ。しかもバット部からである。折れたサオをすぐ回収したが、魚はバレていた。

●原因は――

50㎝級を優に超えた魚だっただけに、悔いが残った。今まではこの手尻で問題なかったのだが、やはり長ければいいというわけではない。ただし今回のような魚のサイズでは、手尻が短ければすぐに切られたり、サオをのされることも考えられる。私は悩みに悩んだ。

そしてこの時から、手尻の長さには充分に気を遣うようになった。さらにサオも、川の規模によって合わせることが大切だ。無闇に長いのも問題だし、短いのもダメだ。過去の経験を思い返して得た手尻についての結論は、以下のとおりである。

サオにはズーム式のものと、そうでないものがある。ズーム式の場合は、ズーム長プラス20~30㎝がちょうどよい手尻だと思う。つまり70㎝のズームであれば、1m程度ということだ。一方ズームなしのサオなら、50~70㎝がベストだと思う。

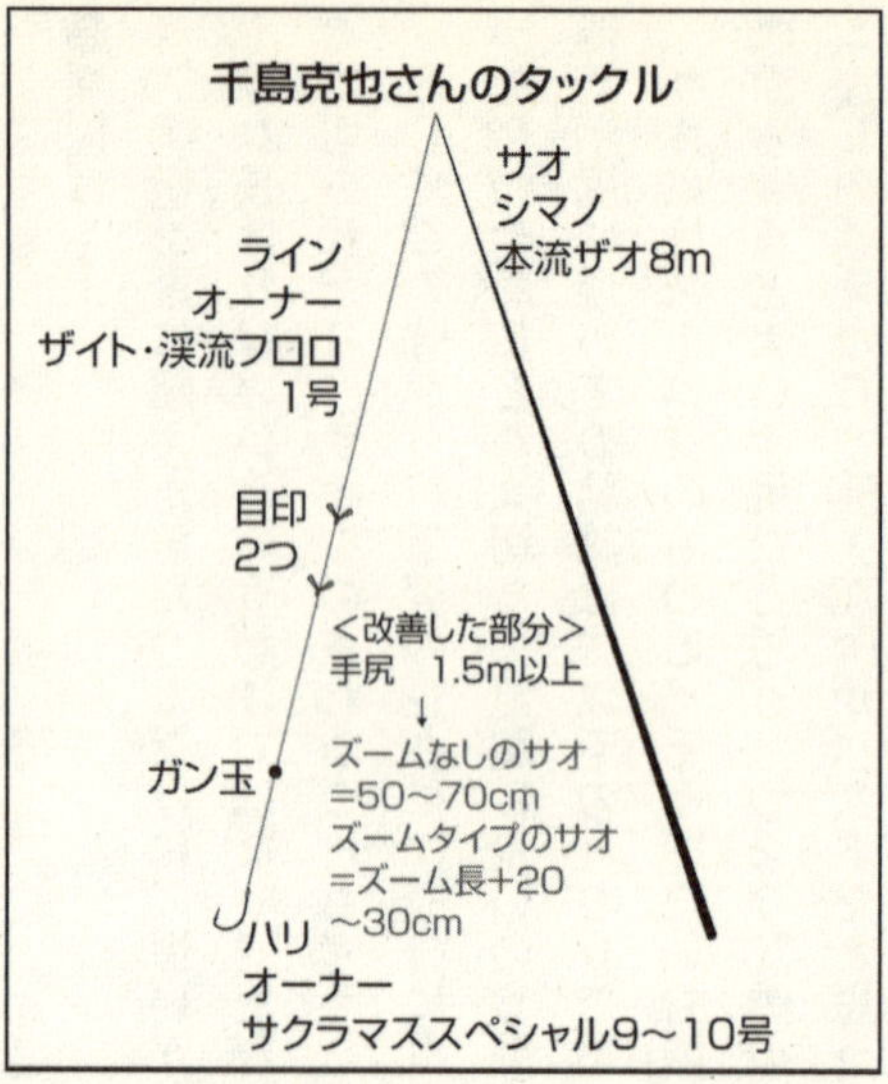
千島克也さんのタックル
サオ
シマノ
本流ザオ8m
ライン
オーナー
ザイト・渓流フロロ
1号
目印
2つ
<改善した部分>
手尻　1.5m以上
ズームなしのサオ
=50～70cm
ズームタイプのサオ
=ズーム長+20
～30cm
ガン玉
ハリ
オーナー
サクラマススペシャル9～10号

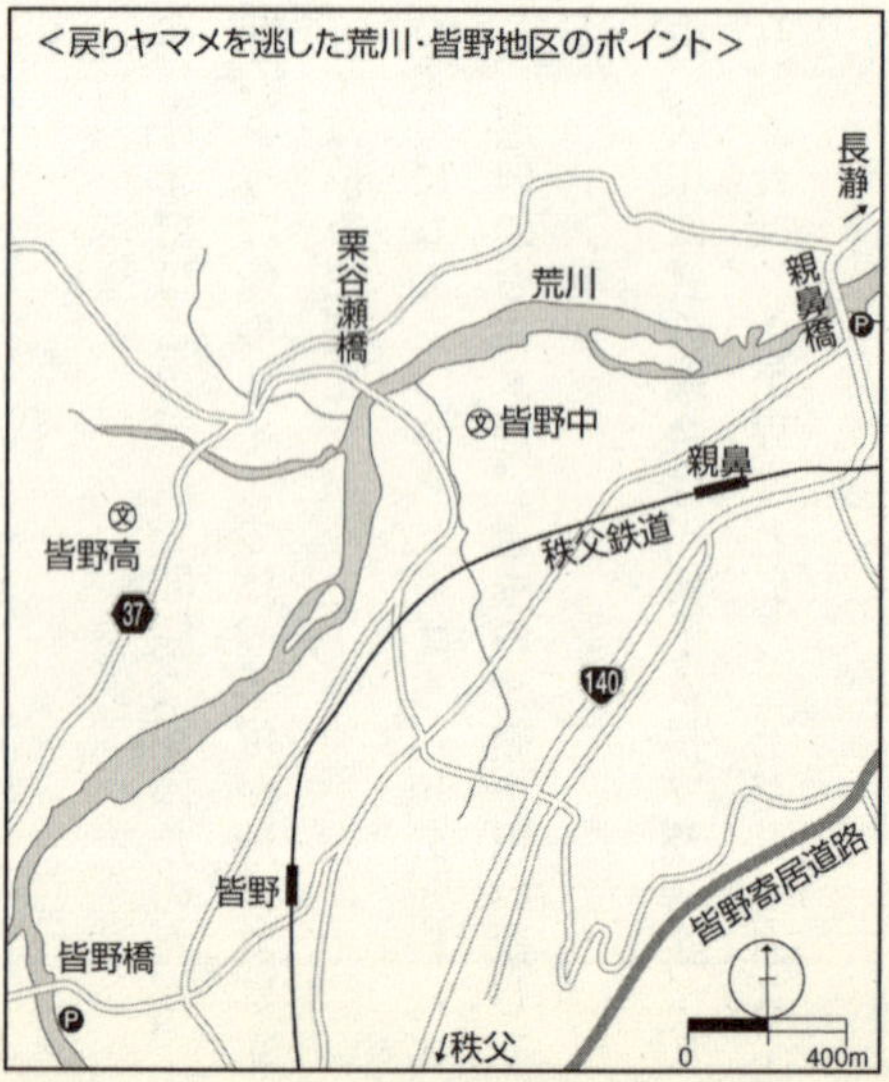
<戻りヤマメを逃した荒川・皆野地区のポイント>
長瀞
栗谷瀬橋
荒川
親鼻橋
皆野中
親鼻
皆野高
秩父鉄道
37
140
皆野寄居道路
皆野
皆野橋
秩父
0
400m

手尻の長さについてはこのような結論に達し、昨年は釣行に臨んだ。これだと、時にはタメが効かないほどの大ものが掛かることも事実。だがそんな時は自分の足を使い、魚に付いていくようになった。

また、いかに魚が暴れずにすむかも考えるようになった。大ものとのパワー勝負も面白いのだが、これはバラシ、イト切れ、サオの破損につながる。魚を確実に取り込むために必要なのは、サオの操作でうまく魚を誘導すること。そう考えてタメのつくり方も工夫するようになった。

その工夫とは、魚の頭をいかに下流に向けずにすむかということだ。大きな魚になればなるほど水流の抵抗を受ける。この力が一番大きくなるのが、やはり下流に向きを変えた時だ。魚がハリ掛かりした時から、サオの角度を考えてタメをつくると魚を誘導しやすくなる。

なお、ダメな例として魚を掛けた瞬間から上ザオでタメることが挙げられる。このタメ方では魚が下流に向かって走ることが多い。なので、なるべく水面に平行になるようにタメるのがよい。こうすると少しずつ上流に魚が上がってくれる。

●この経験を活かして

このような手尻の長さ、やり取りを見直すことにより、昨年は数々の思い出をタモに収めることができた。地元・荒川での大ヤマメ、東北でのカラフトマスなど記憶に残るが、一番の思い出は越後荒川でのサケ釣りだ。

強い流れの中を腰まで立ち込み、流心で掛けた86㎝のサケ。サイズは90㎝に届かなかったが、一歩も下がらずに取り込めたことがうれしい。この時のやり取りで、あの失敗から立ち直ることができたのだと思う。

失敗があるからこそ、釣りの面白さがあるのではないだろうか。

Episode 3.

北海道／チャンベツ川のアメマス

持久戦の果てに…。

石垣尚男

テンカラ歴は30年を超える。ホームグラウンドは遠山川、石徹白川、庄川。これまで釣った大ものは、アメマス63.5㎝、アマゴ36㎝、ヤマメ32㎝、イワナ40㎝など。

●バラした！

平成20年11月、北海道のアメマスに初挑戦した。ガイドしてくれたのは三輪さん。三輪さんは70㎝オーバーの自己記録があり、フライフィッシャーでもある。彼の話によると、テンカラでもこのサイズは可能とは思うが、テンカラザオがどこまで耐えられるか次第ではないか、という。

私は音別町を流れるチャンベツ川上流に案内された。想像していた渓流の雰囲気とはほど遠く、牧場の脇をサラサラと流れる川幅5～10ｍの清流である。この流れのどこにアメマスがいるのか。

「そら、あの流れに」

三輪さんが言う。しかし、見えない。どこに？　しばらくして目が慣れると、トロ瀬の白泡が消えるあたりに、幅1ｍほどのうっすらとした青紫の帯が続いているのが見えた。あたかもタバコの煙がたなびくように、ゆったりと左右に動いている。そのすべてがアメマスの群れだったのだ。サオはシマノ『本流テンカラＺＥ』である。２シーズンかけてプロデュースしたこのサオには絶対の自信がある。だが、はたしてどこまで大ものに耐えられるか一抹の不安もある。ラインはサンスイオリジナルの『テンカラ　レベルライン』３・５号が４ｍ。ハリスはフロロカーボン１・５号を１ｍにした。１・５号もあればまず大丈夫だろう。これにエッグフライをセットした。この時期のアメマスはサケやアメマスの卵を食うので、エッグフライでなければ釣れないとのことである。

掛けるのは簡単だった。群れの上流に振り込み、ラインが垂直になるように流す。見えていたエッグフライが消えると同時にラインが止まる。ここで合わせればほぼ１００％掛かる。あとは取り込みである。掛けたら即座にサオを寝かせ、群れからグイッと引き離すのが数釣りの秘訣である。

このようにして群れの下流から1尾、また1尾と抜いていった。下流で掛かるのはせいぜい50㎝程度であった。掛かるとアメマスが暴れ、一瞬だけパッと群れが散るが、また何事もなかったように流れに戻り群れをつくる。もっとデカイのがこの群れにはいるはずだ。

すでに10尾近く掛けたころ、グッとサオ先を引くアタリがあった。ガッとサオを寝かせた瞬間にバシャンと飛沫をあげて魚が反転した。その尾ビレの大きさを見て、65㎝はあると踏んだ。三輪さ限界だった。

んも同じ判断である。こいつはおそらくこの群れのビッグワンだろう。サオを横にあおってもアメマスはわずかに動くものの、底に張り付いたように動かない。何度目かのあおりで1回だけ下流に走ったが、なんとか川原を走りアメマスの動きに付いていけた。これは持久戦になりそうだ。サオのグリップと50㎝上を持ち、魚を浮かせようとする。だがその都度丸太を引くような感触が返ってくるだけである。サオに余裕はない。５分がたち、10分近くこの状態が続いている。右腕がギシギシと痛い。このまま強引にサオをあおればサオが折れるか、ハリスが切れるかだろう。

アメマスが勝負をかけるように下流に走った。一瞬、出足が遅れ、サオが伸びた瞬間にバシッと音を立ててハリスが空を舞った。アメマスの歯でハリスはザラザラであった。惜しかったがこれが限界だった。

●原因は——

岩のように底に張り付くアメマスには、持久戦になったら負ける。しかし、取り込む方法はあるはずだ。それは、いかに先手を打つかだろう。そのためにはハリスが強いうちに多少強引でもサオを倒し、アメマスを流れに対して横向きにさせることだ。横向きになれば流れを受けて頭がこちらに向く。その瞬間にグイッと引いて岸に近寄せ、それを少しずつ繰り返すことしかない。

●この経験を活かして

その後、500m上流で同サイズを掛けた。先の反省からグイッと一気にサオを倒し、体側に流れを受けさせることを繰り返し、岸にズリ上げた。これが今回のビッグサイズとなった62・5㎝である。

「5分かかったね」と三輪さん。ここは多少流れがあったから取り込めたが、流れがほとんどなかった先の場所で、パワーが一段と違った65㎝相手では限界だったと今も思っている。

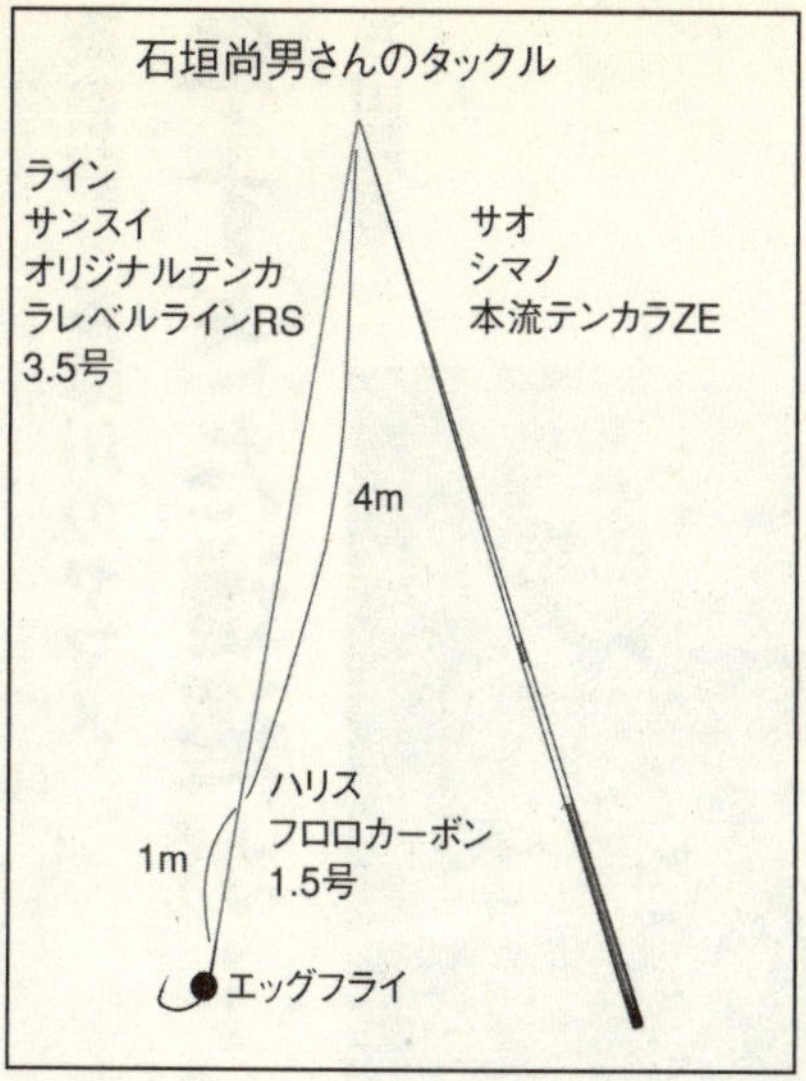
石垣尚男さんのタックル
ライン
サンスイ
オリジナルテンカ
ラレベルラインRS
3.5号
サオ
シマノ
本流テンカラZE
4m
ハリス
フロロカーボン
1.5号
1m
エッグフライ

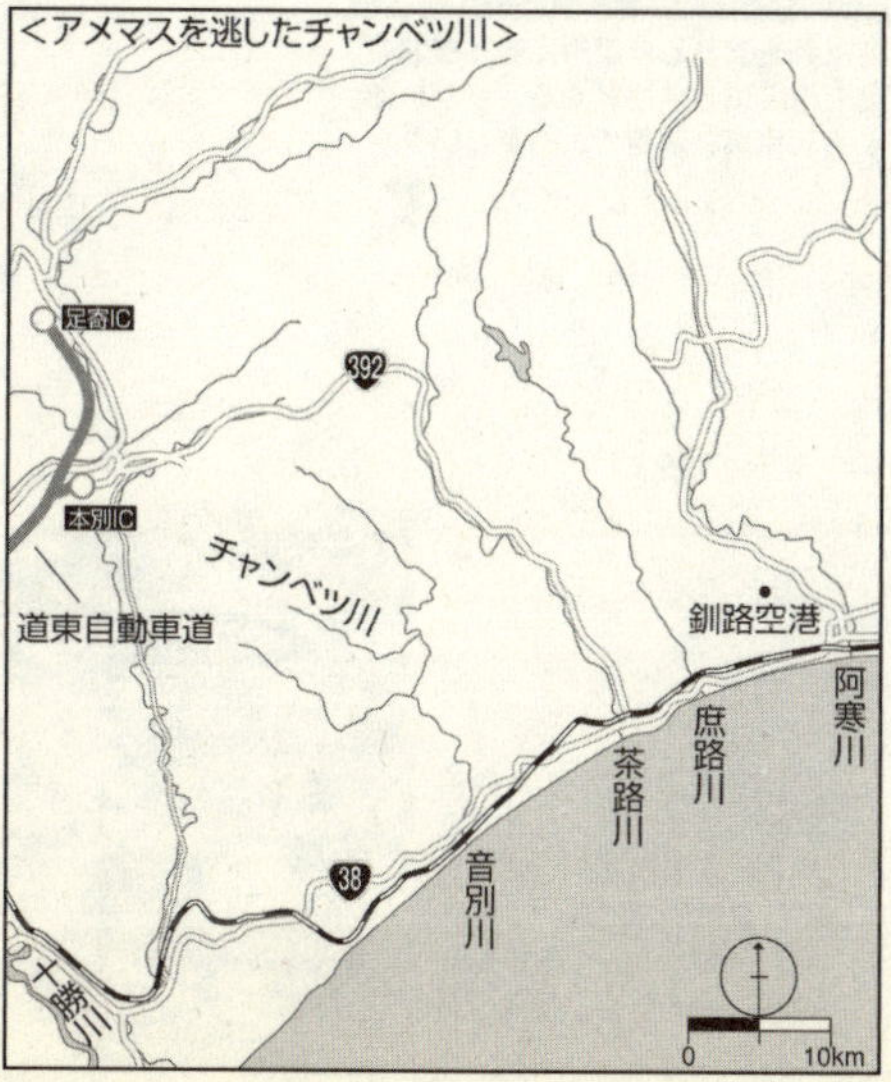
<アメマスを逃したチャンベツ川>
足寄IC
392
本別IC
チャンベツ川
道東自動車道
釧路空港
阿寒川
庶路川
茶路川
音別川
38
十勝川
0
10km

Episode 4.

東京都／多摩川のヤマメ

早すぎた遭遇が…。

杉山陸男

東京都を流れる多摩川は奥多摩湖の上で丹波川と名を変える。ここまで来ると見事な渓相で魚も美しい

1946年生まれ。東京都奥多摩町在住。ホームグラウンドは多摩川で、これまでに丹波川で39.5㎝のヤマメを釣っている。『奥多摩蜉蝣会』を発足し、初代会長を務めた。

●バラした！

2009年6月。私のホームグラウンド多摩川・小河内ダム下で、釣り人生の忘れられない1ページが刻まれた。

その前日、雨が強く降り続いたので、釣行できずに仕掛け作りで時をすごした。しかし夕方には雨もあがり、翌朝は明るくなるのを待って釣り場へ向かった。いつものように南氷川橋上で車をちょっと停め、川の状況を見る。雨で少し増水し、ササニゴリになっていた。これを見て、エサはヒラタよりクロカワムシのほうが食いがよく、アタリも出るかもしれないと思った。

実績のある弁天橋下流から入渓。平水時は鏡面のようになっていて釣りにならない淵も、増水と濁りのおかげでよいポイントになっていた。魚は、動いているはずだ。

6・2mの抜き調子のサオに、イトは0・3号の通し。ハリは万能袖5号という、ごく普通の仕掛けだった。

淵尻に行き、1投目でアタリが出た。合わせて引き抜くと、23㎝のヤマメがクロカワムシをがっちりくわえていた。ねらいどおりにヤマメが釣れたのがうれしかった。さらに、同じサイズだが体高のある美しいヤマメが釣れた。幸先がいい。

淵の頭には巨岩が立ちはだかり、流れは2つに分かれている。手前側は強い流れだ。対岸側は浅く、浮き石が多く入っていて巨岩の裏に流れ込んでいる。その巨岩のエゴが、大ものの住処になっていると想像できた。

巨岩の上にある瀬は好ポイントになっていた。小さな瀬で釣った経験のない釣り人は見逃すようなポイントだ。上流へ移動するのに瀬の中を渡って場荒れさせてしまう人も多いかもしれない。このアプローチは、下流から振り込む。流心は釣り人の足もとに向かっており、仕掛けは自分のほうへ流れてくる。

ねらいは流心脇の緩い流れ。大きめの沈み石が入って水深もある。ここは淵から上った魚の着き場になっているのである。ピンスポットに正確に打ち込むと、すぐにアタリが出る。だが2投目、

3投目になると警戒して食ってこなくなる。つまり1投目が勝負なのである。

私の釣りは、アタリと同時に合わせ、魚がハリに乗ったら一気に引き抜く。魚が反転したり、走り出す前に抜くのだ。抜き調子のサオで0・3号のイトなら、27㎝までは素早く抜ける。ポイントを荒らさないようにすると釣果も上がるというわけだ。

その時も、1投目で目印がストーンと大きく落ちた。大もの特有のアタリだ。合わせて引き抜きに入ったが、サオに伝わる重量感が違う。

「デカイ」

そう感じた。魚が浮かないのでもう一度サオを立てる。だがサオは大きく曲がったままだ。次の瞬間、魚は流心に入って下流へ走った。目印は私に向かってくる。その時に魚は私の姿が見えたのか、急に逃げる方向を変えて対岸の浅瀬に突っ込んでいった。目印が浮き、石の間を縫うように引き回されている。私もそれを追った。サオに伝わる石ズレの感触が不気味だ。そしてヤツは背ビレが出そうな浅い流れを下り、巨岩の裏へと逃げ込んだ。イトが引き込まれる。

「やばい……」

思わず声が出た。そしてふたたび引き込まれた時に、目印が宙に飛んだ。うわぁ……と、その場にへたり込んでしまった。仕掛けはオモリと目印の間で切れていた。石ズレで切れたイトを見て、魚の勝ちを思い知らされた。魚体も見ず、何もできずに惨敗した自分がそこにいた。

●原因は――

予想外の大ものだったことが大きい。推測では40㎝クラスだろう。6月上旬のこの場所では、釣れるサイズはせいぜい20～30㎝。過去にもこの時期に大ものを釣りあげたという例は少ない。魚の数も少ない河川で、特に大ものは8月から禁漁までだと思っていた。あまりにも早い遭遇に油断があったのである。

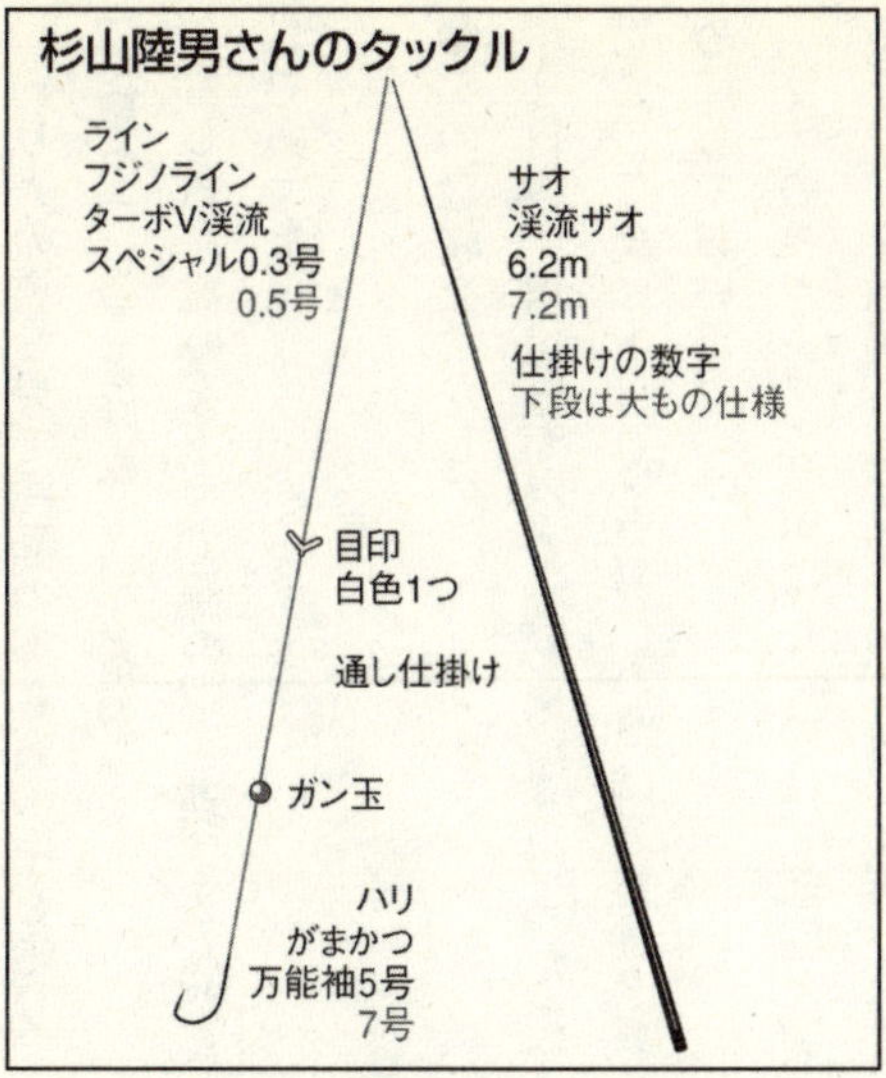
杉山陸男さんのタックル
ライン
フジノライン
ターボV渓流
スペシャル0.3号
0.5号
サオ
渓流ザオ
6.2m
7.2m
仕掛けの数字
下段は大もの仕様
目印
白色1つ
通し仕掛け
ガン玉
ハリ
がまかつ
万能袖5号
7号

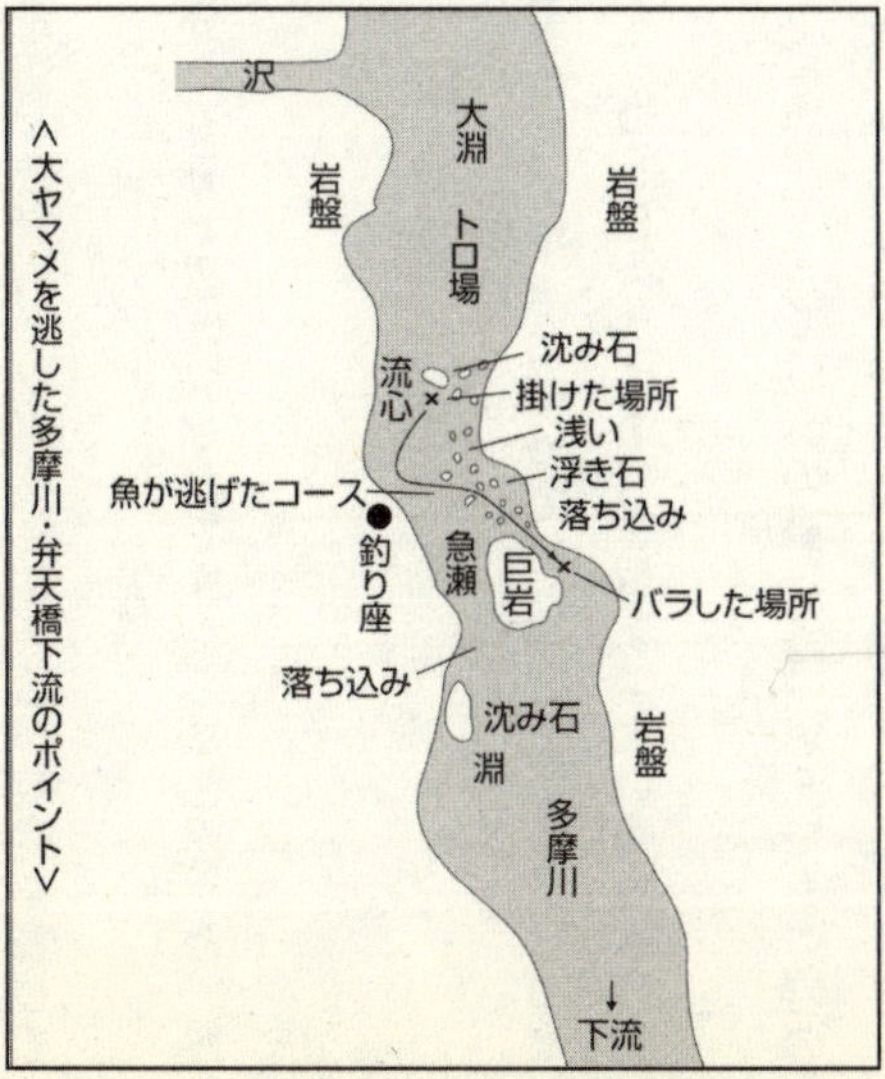
沢
大淵
岩盤
トロ場
岩盤
沈み石
流心
掛けた場所
浅い
浮き石
魚が逃げたコース
落ち込み
釣り座
急瀬
巨岩
バラした場所
落ち込み
沈み石
淵
岩盤
多摩川
下流
〈大ヤマメを逃した多摩川・弁天橋下流のポイント〉

釣り人の姿を見て浅瀬の浮き石の中を走り、イトを切った賢いヤツ。これこそ私が敬意を表して「電撃ヤマメ」と呼んでいる魚だ。

もし魚が流心を下って淵の中へ逃げ込んだら、五分と五分で駆け引きができたのにと思うと、残念であった。

●この経験を活かして

2日後、再挑戦すべく同じ場所へ行ったが、水量も落ちて平水に戻っていた。サオは7・2mに替え、ミチイトは0・5号、ハリは万能袖7号にした。さらにミチイトは手尻までといつもより長めにしておいた。

サオの長さを7・2mにしたのは、前回と同じように魚が下って巨岩の裏に逃げ込んでも、岩の上をサオを通過させて淵に魚を誘い込み、やり取りができると考えたためだ。ミチイトはナイロン0・5号で、石ズレに強いと思われるものを選んだ。結び目なしの通し仕掛けにし、太軸の万能袖7号を絹糸で巻く大もの仕様である。だが平水時に20㎝前後の魚をこの仕掛けで釣るのは、あまりに悲しい気がした。そのため、この仕掛けの出番は次の増水を待つことにした。

それからダムの放水の日にも、雨が降る日にも、同じような条件とみれば釣行している。が、いまだにヤツとは出会えていない。私の挑戦は、今シーズンも続く。

Episode 5.

岐阜県／長良川のサツキマス

パワーに圧倒されて…。

白滝治郎

1958年生まれ。岐阜県郡上市在住。ホームグラウンドは長良川で、今までに釣った渓魚の最大サイズは46cmのサツキマス。『中部銀影会』会長。

●バラした！

ちと古い話になるが、平成3年5月下旬のこと。この年は例年になくサツキマスの遡上が多く、僕自身すでに数尾のサツキマスをあげていた。しかし型は今ひとつで、アベレージは35cm前後。なかなか40cmオーバーには巡り合うことができていなかった。

思い出深いその日は、前日からの雨で長良川の水位は高め。薄い濁りも入ってサツキマスマスねらいには絶好のコンディションだった。いつものとおり長良川のサツキマスポイント「五輪」へと

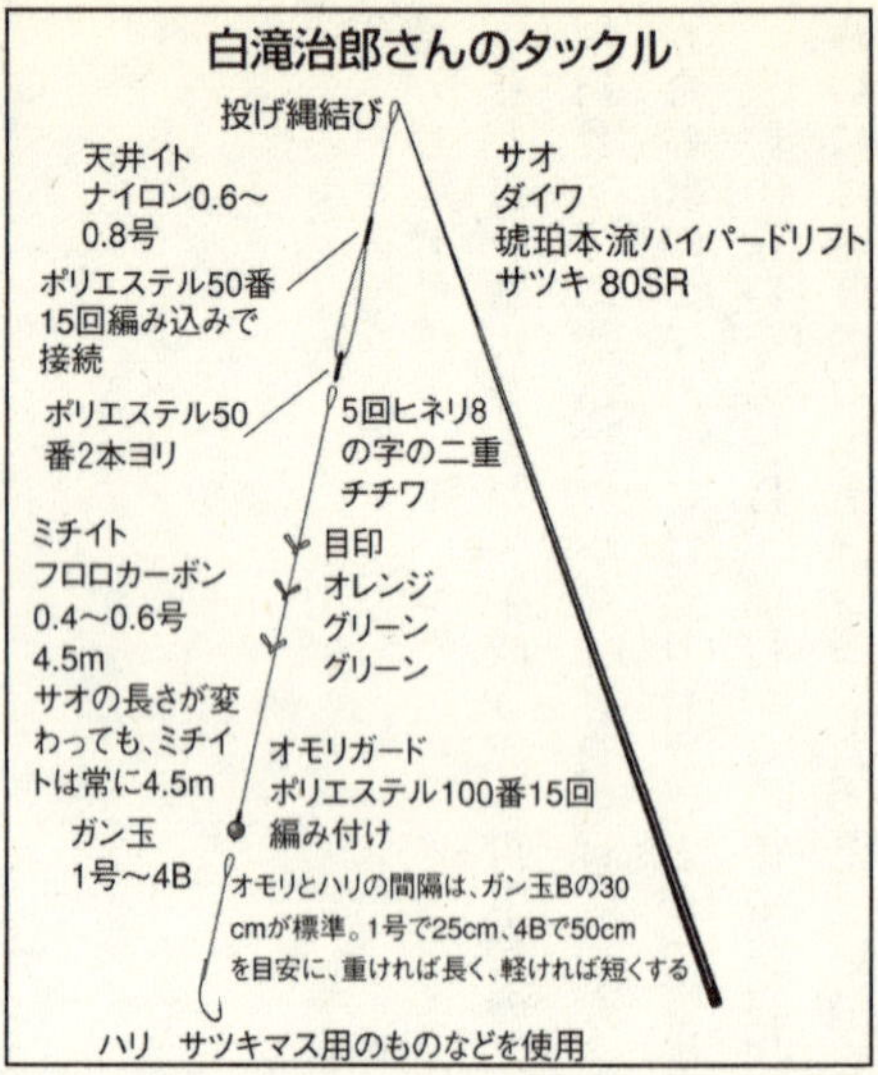
白滝治郎さんのタックル
投げ縄結び
天井イト
ナイロン0.6〜0.8号
サオ
ダイワ
琥珀本流ハイパードリフト
サツキ 80SR
ポリエステル50番
15回編み込みで
接続
ポリエステル50番2本ヨリ
5回ヒネリ8の字の二重チチワ
ミチイト
フロロカーボン
0.4〜0.6号
4.5m
サオの長さが変わっても、ミチイトは常に4.5m
目印
オレンジ
グリーン
グリーン
オモリガード
ポリエステル100番15回
編み付け
ガン玉
1号〜4B
オモリとハリの間隔は、ガン玉Bの30cmが標準。1号で25cm、4Bで50cmを目安に、重ければ長く、軽ければ短くする
ハリ　サツキマス用のものなどを使用

<サツキマスを逃した長良川のポイント>
52
杉ヶ瀬淵
西河橋
左岸の護岸の際で良型
156
山田
ぎふ大和IC
大和橋
和合橋
東海北陸自動車道
神路川
61
長良川鉄道
五輪淵
割れ岩
カヤの木
長良川
城下淵
神路の長トロ
中元橋
下流
0
500m

出かけた。幸いほかに釣り人はなく、僕は淵頭の一級ポイントへ陣取ることができた。

アタリがないままサオを振り続け、もうやめようかなと思ったころ、その瞬間は突然やってきた。サツキマス独特の、目印が水面にもたれかかるようなモゾっとしたアタリに、反射的にアワセをくれた。しかし相手は微動だにせず、じっとしている。

「アレ？　根掛かりかな」

そう思ってサオをあおった瞬間、首を振ってサツキマスの猛襲が始まった。思うように走られ、サオとイトの角度が広がってしまう。なんとかサオを立てようと、グングン沖へと出て行くサツキマスに付いて川へ入ってしまった。いくら水に強い僕でも、ウエーダーを履いたままで増水した長良川の流れに勝てようはずがない。ましてや手にはサツキマスを掛けたままのサオを握っている。ついには首まで水に浸かりながら、ふと頭をよぎったことがあった。あの長良川を代表する職漁師、万サこと古田万吉さんが、イカリ（素潜りで行なう引っ掛け漁）でコイを引っ掛けた時の話だ。

「大ものはイカリザオを離して自由に泳がせ、弱った頃あいを見計らってサオを拾い回収する」

確かそういうことを言っていたはずだ。ウエーダーに入った水の重さと強い流れに足を引っ張られながら、僕はサオを放してなんとか川原へ上がった。そしてサオの行方を追ったのである。

サオは対岸近くの流心際で静止しており、おそらくその先にはサツキマスが付いていた。暦は初夏とはいえ肌寒い陽気だったが、覚悟を決めて服を脱ぎ、裸になって川へ飛び込んだ。上流から流れながらサオに近づこうとすると、サオは一瞬穂先が水中に沈んで流れに揉まれ始めた。その流れ方を見てイトが切れたことを確信した。身体から力が抜けそうになるのをこらえてサオを回収した。

翌朝、川で出会った顔なじみの先輩釣り人が、僕を見るなり「昨日ここへマス釣りにきたら、河童が川を流れるのを見たわ」と一言……。私は、ことの顛末《てんまつ》を話した。

●原因は――

サツキマスに限らず、大ものは常に釣り人主導のやり取りをしなければ取れない。ところが、この時サオに伝わってきた魚の走りの重さは尋常ではなく、不意の出来事に僕の心にビビリが生じてしまった。これが思うように走られる隙を作り、バラシにつながったのだと思う。

●この経験を活かして

そして数日経った6月2日。同じポイントで、この年僕にとって最大となる42㎝のサツキマスを釣りあげることができた。もちろん、この日は泳ぐようなことはせず、常にサツキマスを僕の支配下においてのやり取りができた。そしてタモに入れたサツキマスの口には、数㎝のイトが付いた見覚えのあるハリが刺さっていた。

このサツキマスは、当日のデータを書き込んだ写真となって今でも家に飾ってある。ある意味、僕への戒めとして。その後、この魚を上回るサイズを相当数釣っているが、これほど僕をてこずらせた相手は、いまだに出現しない。

サツキマスは取り込みの
瞬間まで気を抜けない

Episode 6.

福島県／只見川支流・蒲生川のヤマメ

まさかここで、ヤマメが来るとは…。

高桑信一

1949年3月生まれ。埼玉県幸手市在住。奥利根、川内・下田、南会津などの源流を主に巡る。新潟県川内山塊・早出川で釣った45cmのイワナが、これまでの最大魚。

●バラした！

釣りは下手である。食糧調達の意味もあって渓にサオを持ちこんだのだが、なかなかうまくならなかった。二兎を追うものは一兎も得られない、からである。

あんたはいったい沢登りをして山頂に立つのが目的なのか、それともイワナを釣るのが目的なのかという、じりじりするような二律背反を迫られたあげく、後ろ髪を引かれるように山頂を選ぶものだから、いっこうに釣りの腕が上がらない。

おのれの腕のなさを自覚して、細い仕掛けに小さなオモリとハリを付け、岩陰に身を潜めてサオをだし、渓魚の一瞬の輝きを待てばいいのに、昔日の職漁師の真似をして2号通しのイトにオモリなしを標榜し、両手を広げた長さの仕掛けを振りまわすのが私のスタイルだった。それが沢登りの円滑な進行を妨げず、水面に浮いたイワナを少しだけいただけばいいという、私の思惑にかなったのだ。

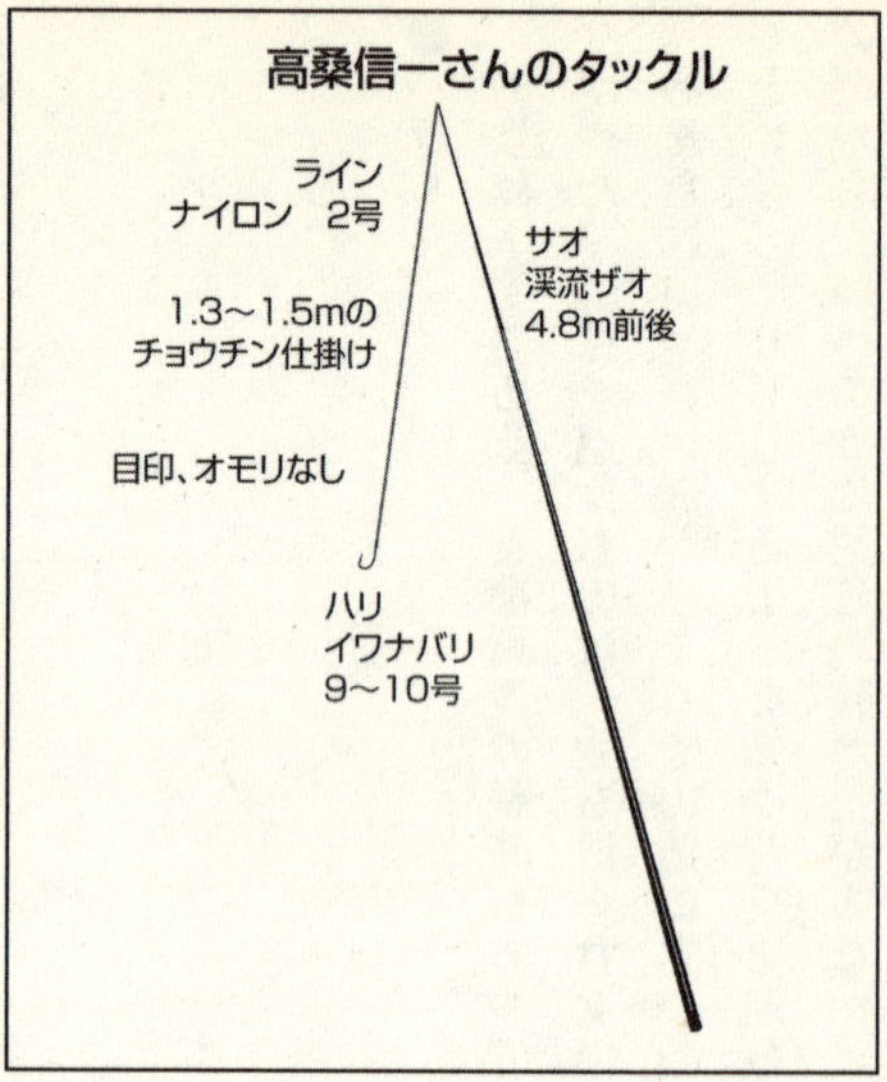

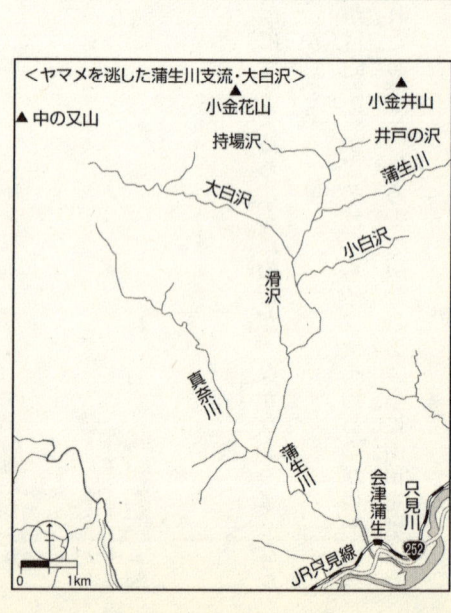

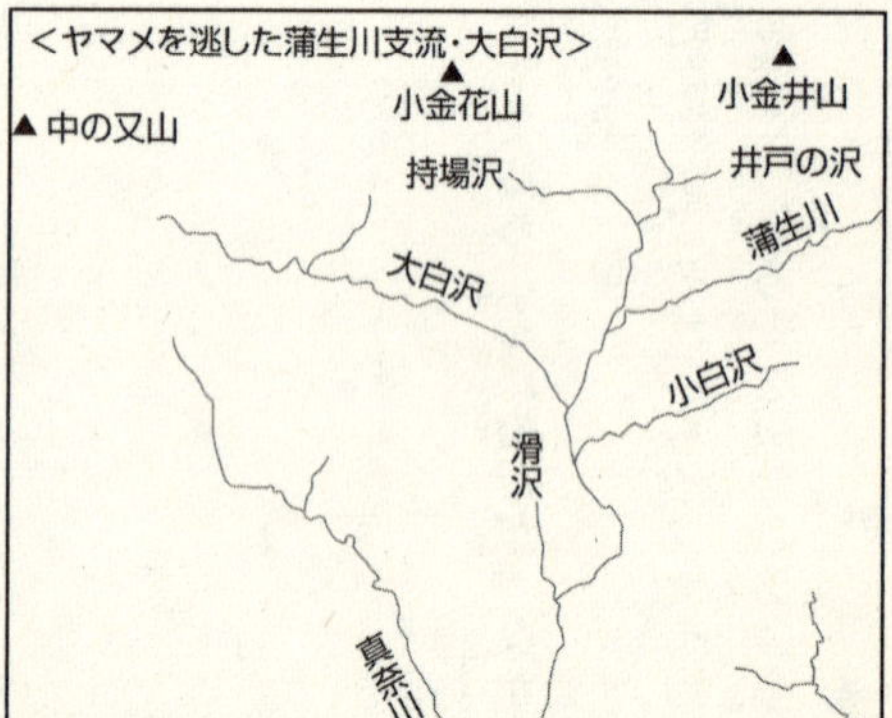

——腕ではなく、場所で釣る——それが当時の、思うに任せぬ釣り下手な私の言い訳にほかならなかった。

只見川中流左岸流域と勝手に名づけた山域がある。分かりやすくいえば、新潟と福島県境の会津側に位置する道なき低山の群れなのだが、これを探訪する偵察遡行をしたのが1981年の秋だった。

新幹線も高速道路もない時代のこと。仲間とふたり、只見線の蒲生《がもう》駅に降り立ち、疎水に沿って歩き始めた。蒲生川の大白沢を遡行して、中の又山に立ち、そこから叶津川を下れば山域の概要がつかめるはずだった。

堰堤に止められた腐った水を掻《か》き分けて、ようやく解放された視界の向こうに大白沢の清冽な流れがあった。ゴルジュに覆われた渓を進むと、イワナの潜んでいそうな滝に出た。天気は安定していて急ぐ旅でもない。途中で捕まえたバッタをエサに、滝壺に仕掛けを投じたとたん、私は信じがたい光景を目にするのである。

いてもイワナだろうと思った私のサオに飛びついたのは、紛れもなくヤマメだった。

水面から顔を出した幅広のヤマメを見た私はパニックに陥った。サオは長いが仕掛けは短いからである。サオをたたまなければヤマメを取り込むことはかなわない。ましてイワナかと思い、遅アワセでいいとのんびり構えていたものだから、目にも鮮やかなパーマークを軽く揺さぶったヤマメの魚体は、あっけなくハリを外れて宙を舞った。

その時、私は自分でも信じがたい行動に走った。水中に没しようとする寸前のヤマメをつかもうと、サオを捨てて滝壺に飛びこんだのである。

ヤマメをヒットしたのは初めてのことだった。ハリと私の手を逃れて瞬時に滝壺に消えたパーマークの残影が私を狂わせた。

予定の変更を告げた私に、信じられないものを見るようにして振り返った仲間の顔を、今でも忘れない。

まだ昼前だというのに、私はその日の行動を打ち切って、夕マヅメの一刻の雪辱に備えたのである。

●原因は——

原因はもちろん油断と焦り、である。それにイトとハリも、ヤマメにはそぐわないほど太く大きかったからだ。相手が何ものであろうと、2号のイトならゴボウで抜いて草むらに放り投げればよかったのだ。釣り人たるもの、常に冷静に状況を判断する心構えを持たなくてはならないというのに、私にはそれが欠けていた。それが痛恨の失態を招いたのだ。

●この経験を活かして

滝壺を遠く眺める岸辺で昼から焚き火を囲み、酒を呑んですごした私は、首尾よく夕刻、細仕掛けに替え、5尾のヤマメを手にして快哉を叫んだ。

食べ残し、軽く塩した数尾のヤマメはザックに背負われて山を越え、粗末な渓の食膳を賑わせたが、私たちの行程の遅れを取り戻すことは、ついに叶わなかった。

エサ釣りがテンカラに変わっても、私の釣りの腕前は、どうやらいまだに未熟のままであるらしい。

『つり人』2009年10月号に掲載された記事では、やはりイワナ釣りのつもりが同行者のサオにヤマメが掛かった。写真はその秋田県の玉川支流・堀内沢

Episode 7.

宮崎県／一ツ瀬川支流・銀鏡川のヤマメ

強引に寄せてしまい…。

荒巻憲一

1949年生まれ。福岡県飯塚市在住。ホームグラウンドは宮崎県の一ツ瀬川で、これまで釣ったヤマメの最大魚は宮崎県・小丸川の35cm。

●バラした！

ヤマメ釣りシーズンも終盤に近づいた平成10年9月のことである。熊本県湯前町に実家がある釣友の那須さん（当時は北九州在住）と、宮崎県を流れる一ツ瀬川の支流・銀鏡《しろみ》川にヤマメ釣りに出かけた。この日は銀鏡小学校の先から入渓して釣り始めた。解禁日なら、この場所からの入渓も納得がいく。だが9月に、なぜこのような下流から入渓したのか、いまだに分からない。サクラマスをねらっていたのか、居残りの大ものヤマメをねらってなのか……。

ここは両岸をコンクリートで固められ、川底には消波ブロックが敷き詰められている。魚の住処としては隠れる場所も多いのだが、釣るとなると非常に釣りにくいポイントである。

仕掛けを流すと、シラハヤ（オイカワ）がキヂに食いついてくる。イダ（ウグイ）、ヤマソバヤ（カワムツ）、アブラハヤなど、エサ取りに悩まされながら、なんとかヤマメの20㎝級を3尾釣ることができた。

那須さんは釣れないのか、私を置いてさっさと上流へと釣り上がってしまった。私は広い堰の一番端っこにある落ち込み（水深1・5m）で、粘って釣ることにした。エサはやはりキヂである。

イダ、ヤマソ、アブラハヤなど、一応エサ取りと思われる雑魚はすべて釣った。ヤマメは釣れないのかと思っていると20㎝が出て、次にまたヤマソが釣れた。もうこれまでかと思っていると25㎝のヤマメが釣れた。

気を取り直して釣るが、今度はイダ、ヤマソのオンパレード。10尾は釣って、これで最後の一投にしようと思いキヂを付けて投餌した。すると、今までとは違うズンズンと重量感のあるアタリ。軽く聞き合わせてみると、動かない、底に掛けたかなと思い少し強引に引っ張ってみると、確かに生体反応がある。これは大ものだと直感した。今までに経験したことのない引きだ。

魚のほうも何か異変を感じたのか、底のほうでゆっくり動き出した。流れに膝まで浸かり、臨戦体制に入る。

仕掛けは天井イト0・8号1m、ミチイトは0・5号を通しで2mセットしている。ハリは8号を

強引に寄せてしまい…。

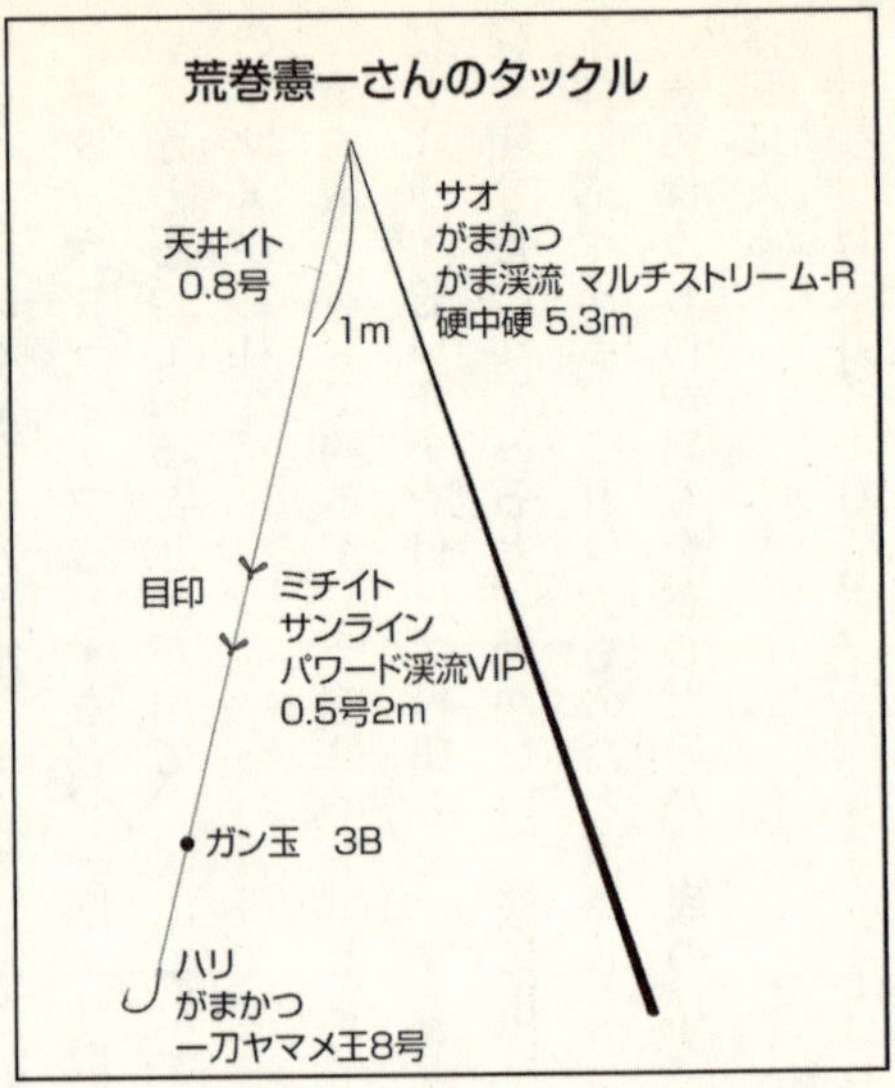
荒巻憲一さんのタックル
サオ
がまかつ
がま渓流 マルチストリーム-R
硬中硬 5.3m
天井イト
0.8号
1m
目印
ミチイト
サンライン
パワード渓流VIP
0.5号2m
ガン玉　3B
ハリ
がまかつ
一刀ヤマメ王8号

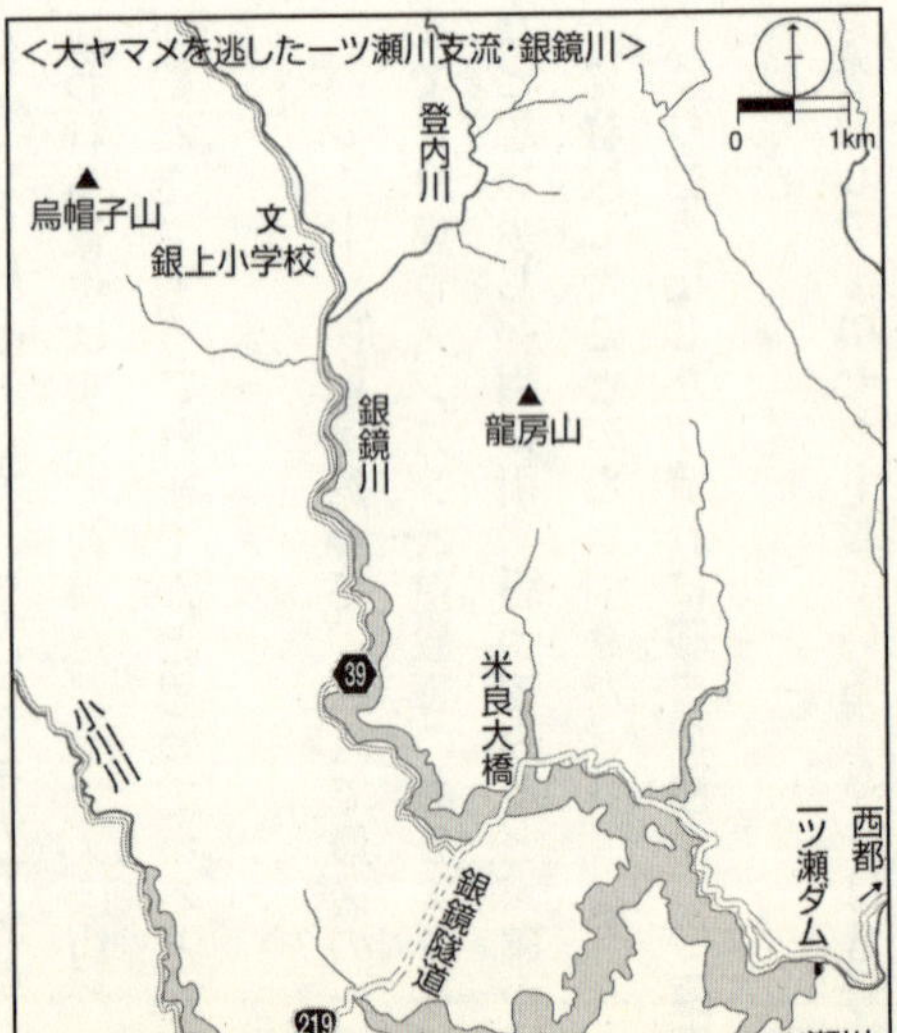
<大ヤマメを逃した一ツ瀬川支流・銀鏡川>
0
1km
登内川
烏帽子山
文
銀上小学校
銀鏡川
龍房山
39
米良大橋
小川
西都
一ツ瀬ダム
銀鏡隧道
219
一ツ瀬川

使用しているので、普段から魚が掛かってもある程度強引に抜き上げるクセがあった。この日も大ものだと分かっていても、強引に魚と引き合った。

キーン、キーンと初めてのイト鳴り。どのくらいやり取りしたのか、3分なのか5分なのか覚えていない。急に魚の引きが弱くなった、取れたと思い、一気に抜きあげようとした。

その時、突然魚が私の足もとに突っ込んできて、ぐるりと足もとを1回転。プツンとハリのチモトから切れてしまった。痛恨のバラシである。

●原因は——

ヤマメも大ものになると百戦錬磨。早く浮かせるのではなく、もっと底でじっくり弱らせて取り込めば充分勝機はあったと思う。そう思うと悔やみきれない。大もののバラシで足腰の力が抜けたことを今でも思い出す。

●この経験を活かして

平成15年7月、過去最大の大バラシをしてから5年が経った。そしてついに大ものヤマメを釣りあげる日が来た。宮崎県北部を流れる小丸川の支流・板谷川でのことである。

この日は水量も少なく、おまけに蒸し暑かったので汗をかきながら川を釣り上がった。途中でにわか雨に遭い、びしょ濡れになった。カワムツに悩ませられながら、それでも20～23㎝のヤマメを5尾釣ることができた。

緩い流れ込みから広く淀んだ溜まりのポイントがあった。どうせカワムツしか釣れないだろうと、高をくくっていた。私はキヂを付け、落ち込みに投餌した。すると目印がツーツーと流れた。突然、サオ先まで引き込むアタリ。サオを立てると魚がサオに乗った。強くは引かないのだが、ずっしりと重い重量感。大ものだ。魚を下流に下らせないよう、素早く川に立ち込む。

5年前のことが走馬灯のように思い出される。あの時はそう、強引に引っ張ったため足もとに突っ込まれ、バラしたのだ。今回はじっくり魚の動きに合わせ、水中で勝負して弱らせた。それでも手前に寄せようと引くと、足もとに突っ込んでくる。だが水中で弱らせていたので、水面に出たところを難なくタモですくえた。自己最高記録となる、35㎝のヤマメだった。

強引に引っ張り早く抜き上げようとする動作が、過去の経験により、ゆっくり、じっくり構え、弱らせてから取り込んだのがよかったと思う。

Episode 8.

新潟県／三面川

取り込み場所の考慮が足らず…。

井上　聡

1960年生まれ。群馬県高崎市在住。群馬県の利根川をホームグラウンドに、各地を釣り歩く。人生最大のヤマメは48cm。『奔流倶楽部 渓夢』会長。

●バラした！

平成16年5月、この年からサクラマスの遊漁河川として認可された新潟県の三面川へ釣行した際の出来事だ。周囲の山肌には残雪が多く見え、車の窓を開ければ冷たい空気が一気に流れ込むほど寒い朝だった。川は春の雪代で川幅いっぱいに流れ、釣り人を阻んでいるかのように見えた。

中流にあたる岩沢橋の下流は、絞り込まれた強い流れが消波ブロック脇を通過し、広いトロ場へと続く。波立ちが長々と続く大場所である。川底には消波ブロックの残骸が点在し、サクラマスの休憩に適している場所だ。

ここはポイントが遠く、腰まで水に浸かってサオを振ることになる。寒さに耐えて粘っていると、最初に釣れたのはマルタウグイ。40㎝もある大ものであった。まるでキスを要求しているような唇に惑わされそうになりながらも「キミじゃあないんだよ!」と言い聞かせリリース。

しばらくしてから本命のサクラマスが掛かった。魚は強い流れを味方に、一気に下流へ突っ走る。止めきれず、急いでサオを絞りながら下る。水に浸かりながらの行動は予想以上の体力と気力を奪う。いつの間にか、掛けた場所から50m以上離れていた。

「どうにかなるさ」

そんなつもりだったが、ここへ来て周囲を見渡すと、取り込み場所が見当たらない。川岸を見るとアシとネコヤナギが、雪から解放されたことを喜ぶように起き始めている。これが「来るんじゃあねぇ」といわんばかりに、川面までせり出していた。

息を切らし、肩で呼吸をしながら、胸の位置にあるアシをつかんで陸へ這い上がろうとした。だが、下半身を引き上げることができない。流心がこちらへ寄ってきているために、徐々に足もとが深くなってエサ箱を濡らそうとしている。ゼイゼイと肺から音が聞こえ、心臓も爆発寸前。しゃべれば内蔵の一部が体外へ飛び出しそうな感じだ。

も～限界。アシ際で魚を取り込もうと、タモを抜いた。

「あと1m」

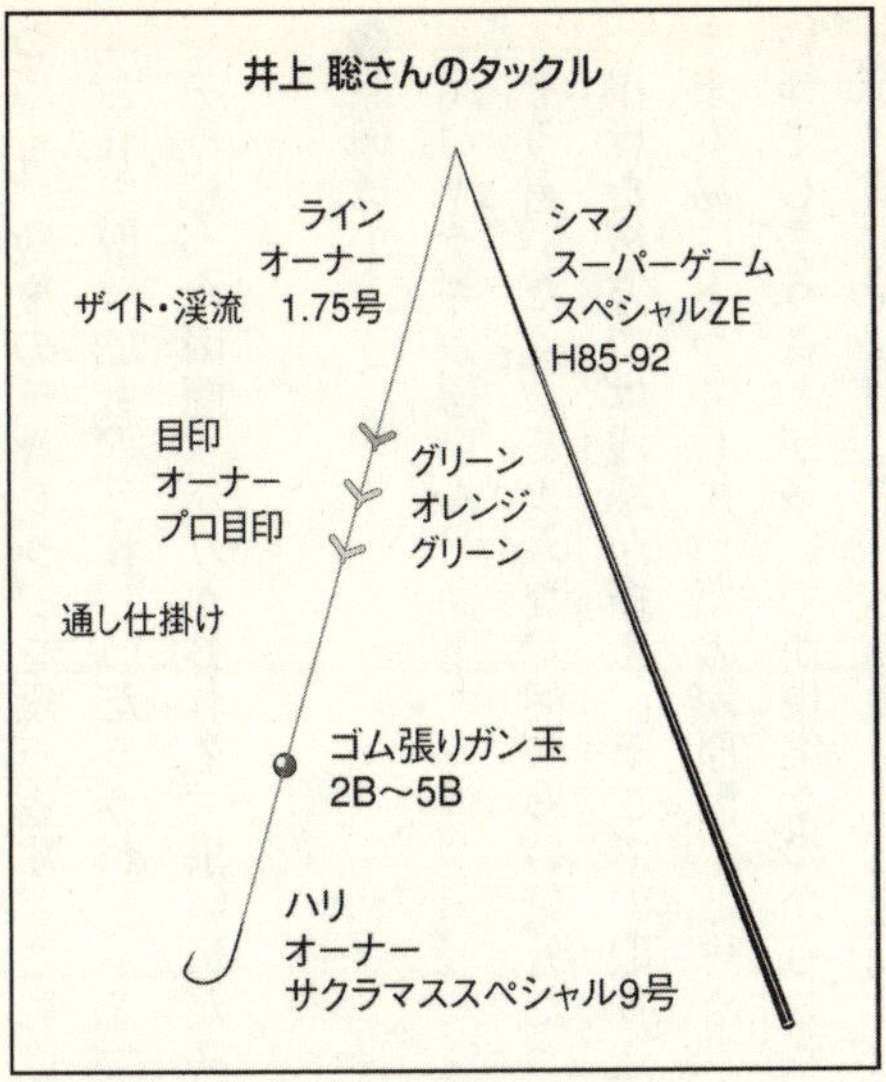
井上 聡さんのタックル
ライン
オーナー
ザイト・渓流　1.75号
シマノ
スーパーゲーム
スペシャルZE
H85-92
目印
オーナー
プロ目印
グリーン
オレンジ
グリーン
通し仕掛け
ゴム張りガン玉
2B〜5B
ハリ
オーナー
サクラマススペシャル9号

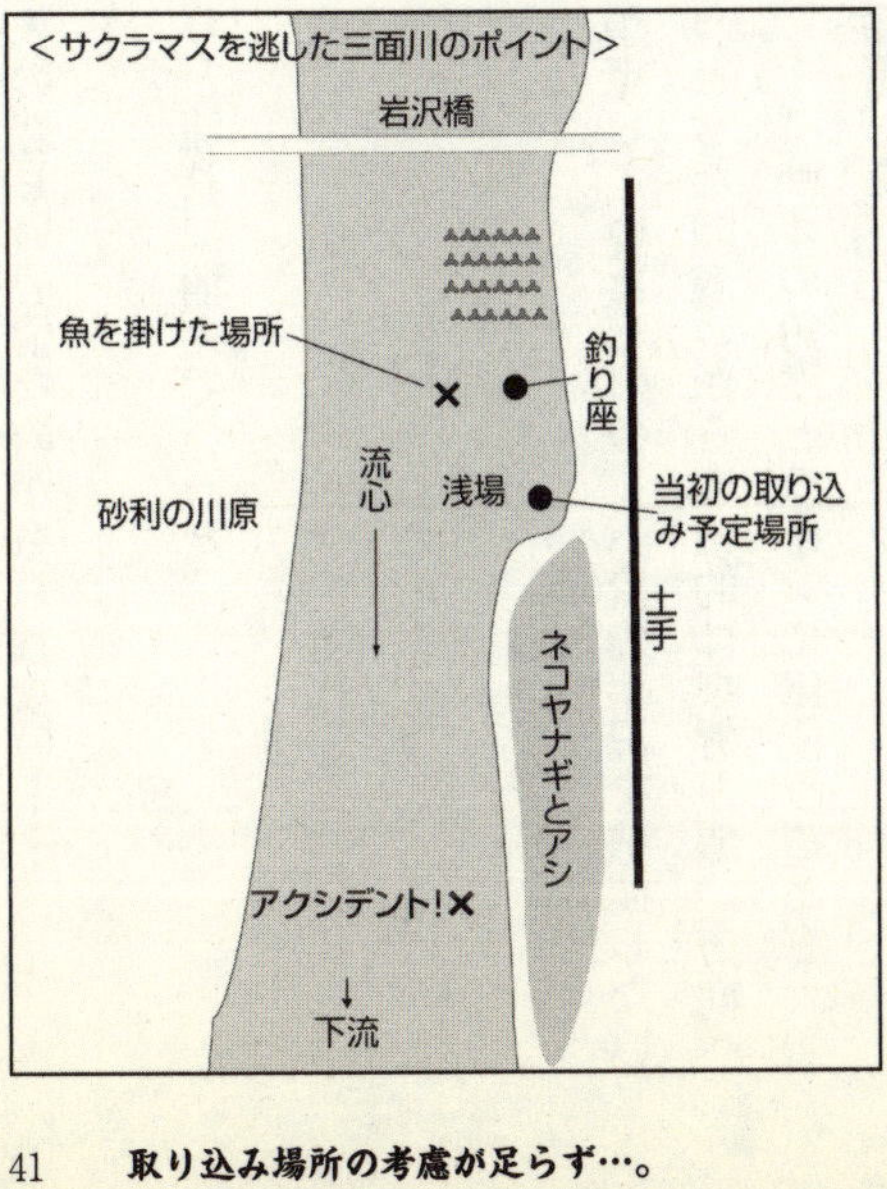
＜サクラマスを逃した三面川のポイント＞
岩沢橋
魚を掛けた場所
釣り座
流心
浅場
当初の取り込み予定場所
砂利の川原
土手
ネコヤナギとアシ
アクシデント!
下流

その時、不運にも後方へ寝かせたラインがネコヤナギに絡まった。サオを絞るが動かない、慌ててすくおうとしたが……タモは届かず、驚いたサクラマスはアシの根元へと潜り込んだ。

グン、グンと魚の動きがサオから伝わるものの、アシの下から出てこない。そっとラインを手で持って引っ張ると、魚が嫌ってクネクネする姿が見える。完全にアシにも絡んでしまっているようだ。肩まで水に浸かりながら絡んだラインを外そうとするが、外れない。ダメかもしれないと思いつつも、数度のチャレンジを繰り返す。これは釣り人の悲しい心情なのかもしれない……。

「これで取っても、うれしいだろうか……?」

そう思った瞬間、ハリが外れて、黒い影がゆっくりと流れに消えていった。

●原因は――

「ネコヤナギが悪いんじゃ!」

そう言いたくなるような、歯がゆい気分だった。

掛けた後方では浅場が控え、そこでの取り込みを想定していたものの、下流の状況を把握しないまま安易に下ってしまったのが原因だと思う。ちょっとした間違いから連鎖的に事態が悪い方向へいってしまうことが多いのが現実なのかもしれない……。サオの角度とラインに気使うことも大切だが、増水時は特に取り込み場所に気を配りたいと痛感した。

●この経験を活かして

数日後に同じ場所を訪れると水位はさらに上昇していた。同じポイントに立った私は、イメージトレーニングをした後でサオを振り、サクラマスを掛けてから後方の浅場へ導いた。そして58㎝の魚を取ることができた。

結果はよかったのだが、下がる途中で石につまずいて尻もちをついてしまった。たまたま魚は外

鬼怒川にて。大ものとのやり取りでは特に足場をしっかり確認しないと……

れなかったものの、カッコ悪い姿を軽トラのおじさんに目撃されてしまった……。

サクラマスや大ヤマメは、簡単に釣れる魚ではない。今までに何度ラインを切られ、何度ハリを外されたことだろう。

「あっ!」

あの悲痛な言葉を発することがなくなるには、どのくらいの経験と年月が必要なのか分からない。大きな魚は感動を呼ぶ反面、バラシの悔しさも大きいのである。失敗は誰でもあるが、予想していたトラブルならば回避方法も早く見つかるはず。さまざまな体験や失敗談を聞いて、自分の釣りに役立てることにより、慌てることが少なくなるだろう。

Episode 9.

つい、ニヤけて…。

秋田県／子吉川のサクラマス

荻原 均

1969年生まれ。埼玉県越谷市在住。特定のホームグラウンドはなく、これまでで最大のサクラマスは子吉川の65cm。『多摩川山女魚道』所属。

●バラした！

2008年、アラスカのキングサーモンを釣りに行くこともあり、サクラマス釣りは控えめにしていた。しかし年に一度はサクラマス釣りをしたく、アラスカに行く前に秋田県・子吉川に向かった。そこで痛恨のミスをしてしまったのである。

私は子吉川に通い始めて10年弱。最初の3年はかすりもせず、それでも懲りることなく不安と期待を胸に通った。アタリすらない秋田のサクラマスは私にとって鬼門であった。しかし諦めたら終わりと自分にいい聞かせ、ひたすら通い詰めた。

そのかいあってか、コツをつかんでからは何尾かのサクラマスが釣れるようになった。そして通った分、川で知り合った仲間もできた。そんな仲間の話から思ったのは、大型のサクラマスは大場所で実績があるということ。というわけで、私は魚の溜まる場所にねらいを絞った。

子吉川は放水口があり、そこは大ものが期待できるポイントである。2008年は6月の解禁から状況が悪く、サクラマスが少ないとのことだったが、釣った人にサイズを聞くと60㎝オーバーが多かった。今年は掛かりさえすればサイズが大きいと思い、ミチイトは最初から2号にした。渇水気味のため、サオは8mの軽いタイプで臨んだ。

その日はこのタックルで数投したところで沈んだイトに仕掛けが引っ掛かった。そこでサオをあおったら、なんとポキッと折れてしまった。今思えばこれが不運の始まりだったのかもしれない。

サオを替え、気持ちを新たにしばらく粘っていると、やっとサクラマスがヒットした。昨年は数尾のサクラマスを釣ったポイントなので自信もあり、取り込む場所まで魚を寄せていった。徐々に寄ってくる魚体は思ったよりも大きく、60㎝は余裕でオーバーしている。1年振りのサクラマスなので、慎重に取り込もうという気持ちと、早く取りたい気持ちが錯綜する。そのせいか岸に寄せてすくうつもりが、なぜか川に入ってタモを入れていた。

タモで一気にすくおうと、サオを突き上げた時のことだ。いきなり突風が吹き、サオは横向きに寝てしまった。当然タモ入れは失敗である。急いでサオを立てたが、その時にはもうハリが外れ、

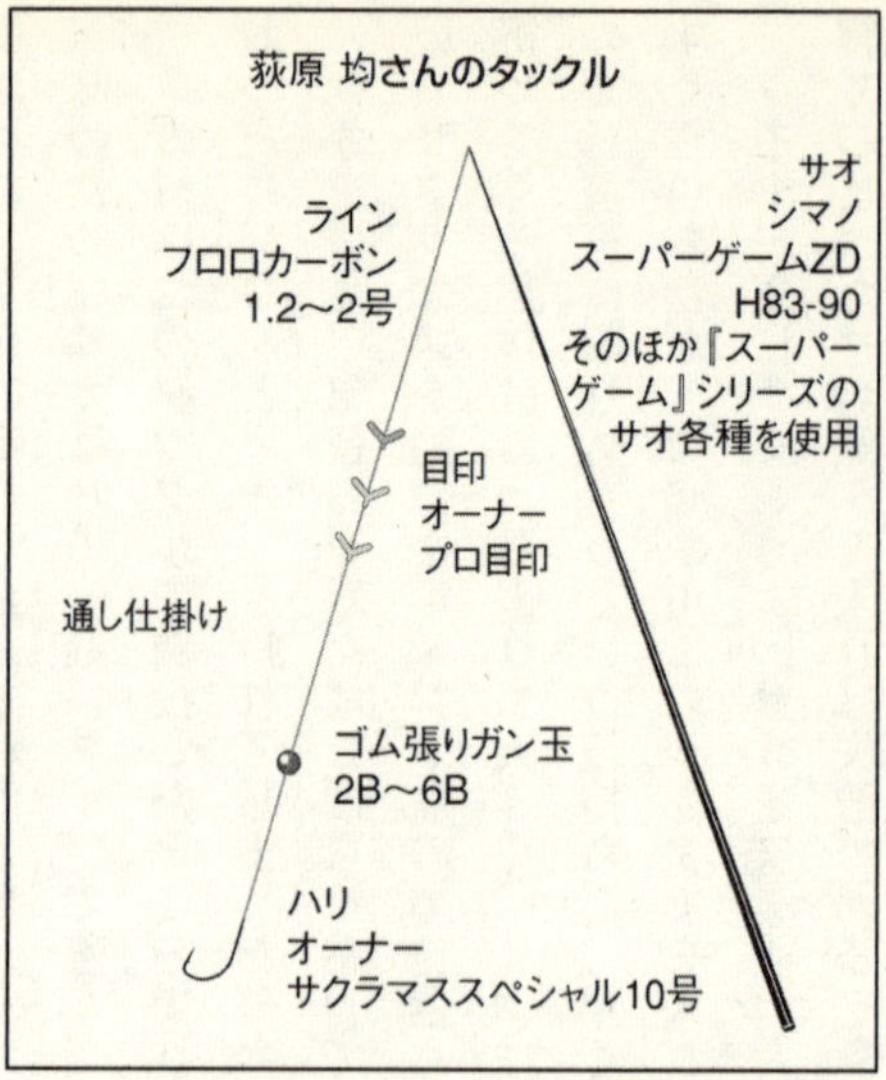
荻原 均さんのタックル
サオ
シマノ
スーパーゲームZD
H83-90
そのほか『スーパーゲーム』シリーズの
サオ各種を使用
ライン
フロロカーボン
1.2〜2号
目印
オーナー
プロ目印
通し仕掛け
ゴム張りガン玉
2B〜6B
ハリ
オーナー
サクラマススペシャル10号

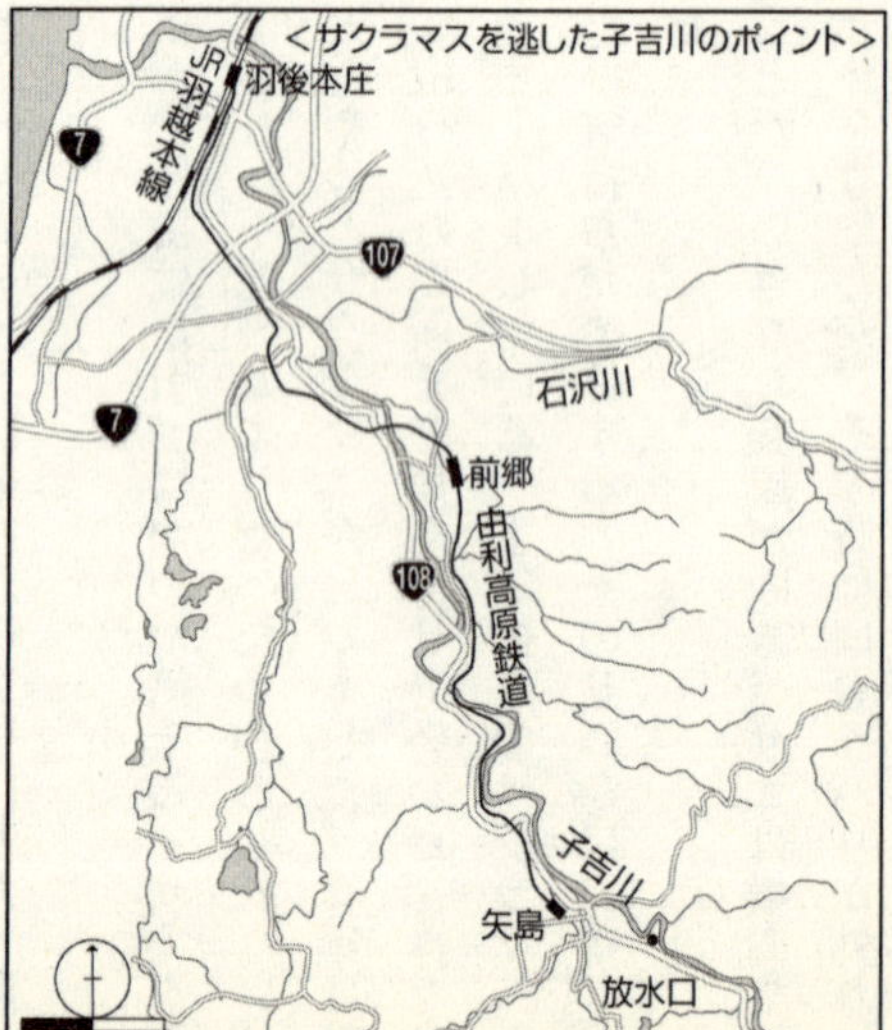
<サクラマスを逃した子吉川のポイント>
JR羽越本線
羽後本庄
7
107
石沢川
7
前郷
由利高原鉄道
108
子吉川
矢島
放水口
0
3km

サクラマスは流れの中に戻ってしまっていた。しばらくはこの状況を信じたくなく、放心状態であった。

●原因は——

この年のサクラマスのヒットは、これが最初で最後になった。反省し、原因を考えた結果、いくつかのことに気がついた。

まず、サオ先が軟らかいタイプを使うと、思ったよりもハリの貫通力が弱くなってしまう。そしてハリ先のチェックをしなかったこともまずかった。また子吉川は日中に風が強くなる。それなにやり取りの最中にニヤけていたことも、原因のひとつのように思えた。

●この経験を活かして

翌2009年は、初心に返った気持ちで6月に子吉川へ向かった。運転中は昨年の反省をしつつ、休憩もせずに矢島町へ到着した。タックルは愛着のある、シマノ『スーパーゲームZD』のH83-90。ハリはオーナー『サクラマススペシャル』10号で、私がこれまで一番サクラマスを釣っているタックルにした。あとは、うれしさのあまりニヤけないことである……。

実はこの「ニヤリ」は、多摩川山女魚道の先輩が気づいたこと。確かにバラした時にはニヤけたことも多く、今では仲間内での合言葉で「ニヤケ厳禁!」というのがあるほど。というわけで気を引き締めてサオを振り始めたが、初日は夕方までヒットなしという結果であった。

翌日の6月18日は、昨夜の飲みすぎで遅めの起床。いつもの日課なのかクセなのか、数ヵ所のポイントをチェックし渇水を実感。その後で放水口に戻ると誰もおらず、ひとりで釣りを始めた。

エサの大きさを変えたり、流し方を変えたりして、残り少なくなった小さいミミズにした時のこと。待望のサクラマスがヒットした。アタリは小さく、まるでワカサギのようなシビアなものだった。それをとらえた時はうれしさで、思わずニヤけそうに……いや、イカン！　顔が緩むのをこらえつつ、やがてやり取りに夢中になってサオを岸へ寄せ、無事タモですくうことができた。

久し振りに見るサクラマスは、オスの63㎝。これで心がやっと楽になった。大もの釣りでは、なかなか魚を手にできない。そのため、やり取りをするための技術が大切なのはもちろんだが、精神的な強さが、とても大切になるように思う。そのことを再確認した1尾だった。

Episode 10.

山形県／鮭川

「心」の鍛え方が足りず…。

矢吹　暁

福島県河沼郡在住。奔流倶楽部渓夢所属。ホームグラウンドは福島県一ノ戸川。自己最高記録の本流魚はサクラマス61㎝。夢は最上川でサクラマスを釣ること。

●バラした！

私がサクラマス釣りを始めて十数年の月日が経つ。そこには初めて手にした時の感動、大ものを抱きかかえた喜び、あと一歩のところで逃げられた悔しさなど、さまざまな思い出が詰まっている。昨年（2010）も山形県の赤川や五十川など庄内地方の河川で4尾を手中に収め、意気揚々としていた。しかし、悪戦苦闘といえば格好はいいのだが、人に話すには恥ずかしいような珍プレーがある日勃発した。

それは5月初旬の鮭川での出来事だった。周りの景色は新緑が芽生え、背中に感じる暖かい日差しが心地よいが、雪代が残る流れはまだ冷たく、水に立ち込んでの釣りが苦痛になる。そんななかでもサクラマスは雪代に誘われるように、大河・最上川をはるばる旅して鮭川へ遡上してくる。中流域にあたる真室川との合流点は、太い流れが水深のある広いトロ場を形成し、遡上してきたサクラマスが溜まりやすく実績のあるポイントになっている。下流に向かうとカケアガリからザラ瀬へと続き、カケアガリ前には崩れたブロックが沈み、休憩するサクラマスがついていると推測できる。

そこを目掛けて振り込むこと数投で、ねらいどおりサクラマスが掛かった。サオを絞り込み、激しい首振りと圧倒的なスピードに耐え、ようやく浮いてきた魚体は60㎝近い大ものだ。ハリは上アゴにかろうじて刺さっている。もう一度首を振られたら外れると思い、足場の悪い消波ブロックの上からであったが、強引に引き寄せタモで一気にすくい上げた。

（ヨッシャ〜！）心の叫びを発すると同時に身体が宙に浮いた。足を滑らせ転倒。肘と腰を強打し、次の瞬間には川にドボ〜ン。「冷てぇ〜！」心の叫びは悲痛な叫びに変わり、タモの中のサクラマスはこのワンチャンス？？？を見逃さず、「あばよ！」とばかりに流れの中に消えていった。あァ〜！　鮭川での初の1尾は夢のまた夢と去り、ヤケクソになった私が後ろの木に絡んだイトを引っ張ると、ポッキリと枝と一緒に穂先が折れた。驚いて飛び立ったカラスの鳴き声は「カァ〜、カァ〜」ではなく、「アホォ〜、アホォ〜」と聞こえてくる。精神状態はあきらかに情緒不安定。悔しいを通り越し、もう悲しいやら情けないやら……。

●原因は——

サクラマスは年に1尾釣れたらいいといわれるほど、難しい魚である。

「心技体」という言葉がある。そのすべてがひとつにならなければサクラマスが釣れないといって

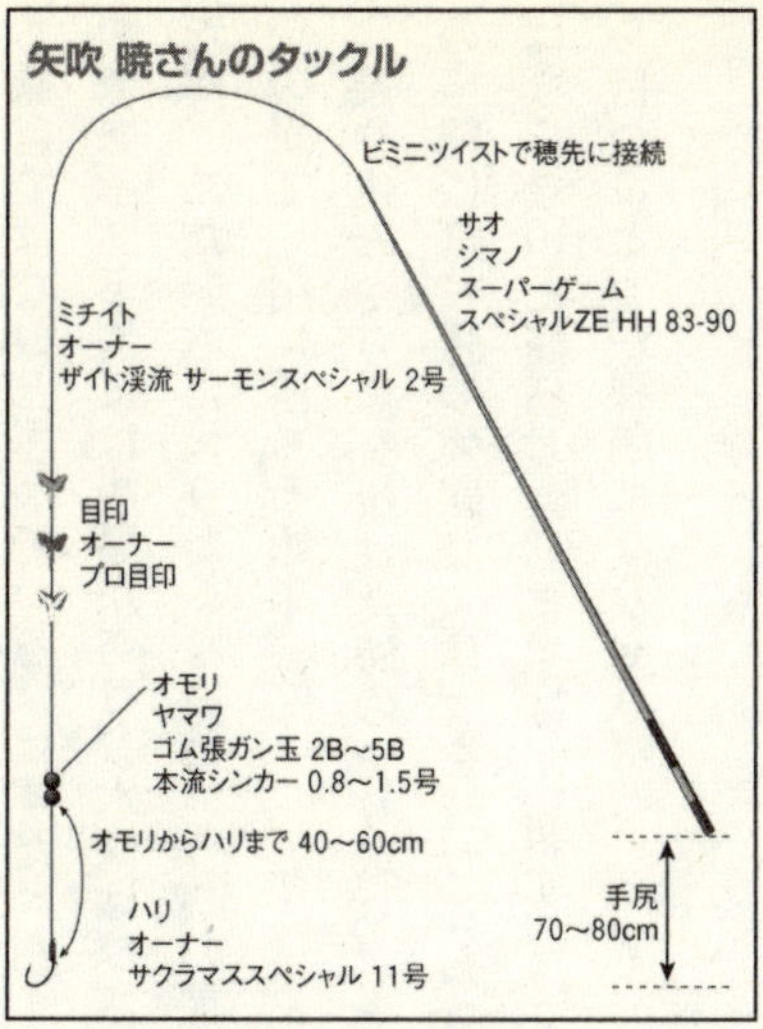

矢吹 暁さんのタックル
ビミニツイストで穂先に接続
サオ
シマノ
スーパーゲーム
スペシャルZE HH 83-90
ミチイト
オーナー
ザイト渓流 サーモンスペシャル 2号
目印
オーナー
プロ目印
オモリ
ヤマワ
ゴム張ガン玉 2B〜5B
本流シンカー 0.8〜1.5号
オモリからハリまで 40〜60cm
手尻
70〜80cm
ハリ
オーナー
サクラマススペシャル 11号

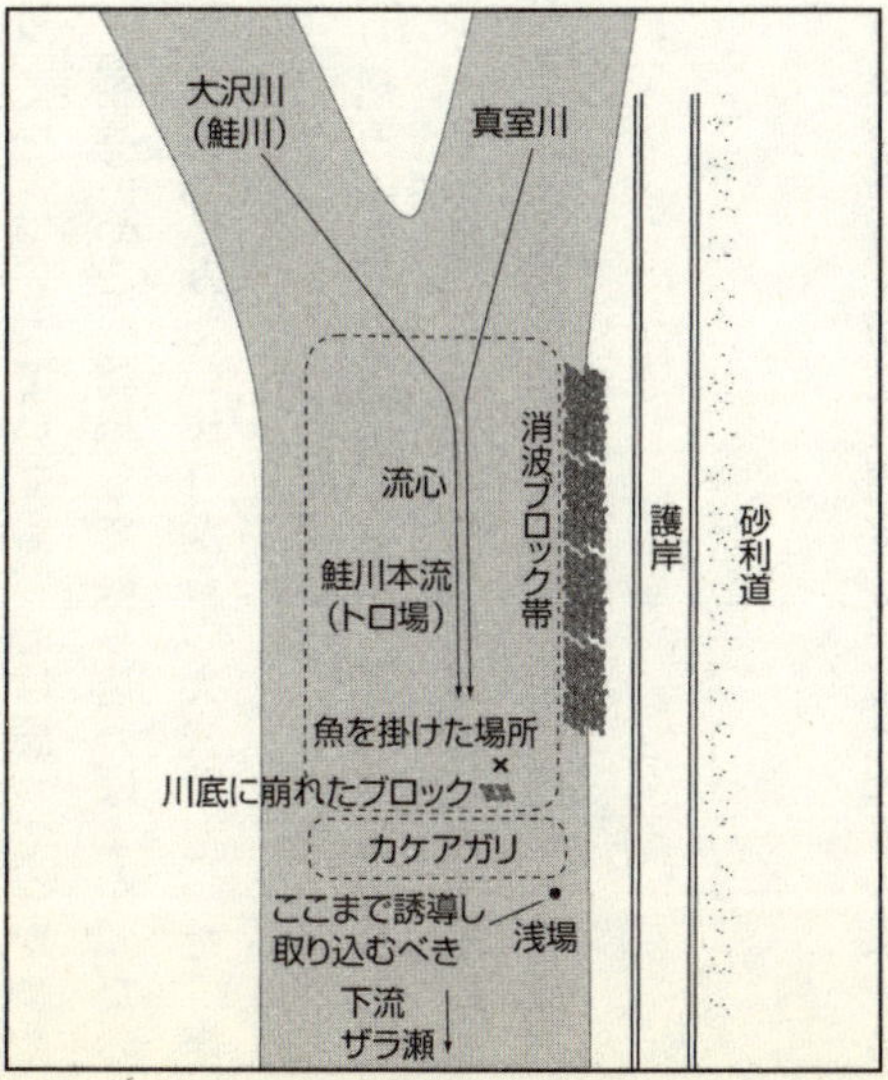

大沢川
(鮭川)
真室川
流心
鮭川本流
(トロ場)
消波ブロック帯
護岸
砂利道
魚を掛けた場所
川底に崩れたブロック
カケアガリ
ここまで誘導し
取り込むべき
浅場
下流
ザラ瀬

も過言ではないと思っている。はずだった……。そう、口では思っていても、心は思ってなかったのである。下流には浅場があり、水深はひざ下程度。素直にそこへ誘導して取り込めばよかったのだが、冷たい水に入りたくないという心の甘えと、早く取り込みたい焦りからの大失敗だった。挙句の果て、川に落ちる始末。

振り込みから魚を掛けた時のやり取り、そして取り込みに到るまでの一連の「技」、激流や魚との格闘に打ち勝つ強靭《きょうじん》な「体」を持つことも大切だが、私の場合は、「心」を最優先に鍛えなければならないと痛感した。まずは、「楽することばかり考えず、辛抱とその場その時に応じた判断力を持つこと」が課題になりそうだ。

●この経験を活かして

それからは、ポイントを見定めると立ち位置や取り込む場所を事前に想定し、後は「多少水が冷たくても辛抱して……」を心掛けるようになった。そして6月に解禁となった秋田県米代川へ釣行して待望のヒット。しかし、またもやバラシ。それも今までに掛けたことのないビッグサイズであっただけに悔いが残る。その後もヤマメ、サケとねらう魚種が変わってもなぜかバラシの連続で、記憶に残るような大ものを手にすることはできずにシーズンが終了した。

あの時は何が悪かったのだろう？と振り返り、あれこれ考えるが正確な答えは見出せないでいる。未熟な私には、釣りの答えは未知数に思える。今日の答えは、明日は違うかもしれない。失敗

鮭川の真室川合流点付近。茫洋としたトロ場でサクラマスがヒットした

により、そこを考え反省し、同じ失敗を繰り返さない努力が次につながるのではないだろうか。

課題は山積みのままであるが、ひとつひとつ克服できるように本年の釣りに取り組んでいきたい。

Episode 11.

福井県／九頭竜川

小型フック＆細ティペットでサクラマスを取りたくて…。

安田龍司

1963年生まれ。愛知県名古屋市在住。ダブルハンド・ロッドでのサクラマスの釣りから、シングルハンドロッドでの渓流のイワナねらいまでウエットフライの釣り全般の経験が豊富なフライフィッシャー。

●バラした！

大型の魚に逃げられてしまう要因は、イトが切れる、ハリが外れる、障害物に逃げ込まれるなどさまざまだ。主にサオからハリに至る釣り具の強度不足が原因となるケースと、釣り人の技術的問題が原因となるケース、そしてその両方が原因となるケースが考えられる。

２００５年の４月から５月、福井県九頭竜川でサクラマスを相手に、私は釣り具の強度不足と技術不足が原因と思われる失敗を繰り返していた。

サクラマスを求めて釣りをするようになって20年以上になるが、私の場合それはそのまま九頭竜川に通った年月ともいえる。最初の頃はフライフィッシングでサクラマスと出会うためにはどうすればよいか悩み、次に季節ごとの釣り方を考え、その後状況に合わせた釣り方を試行錯誤した。

そして問題の2005年。この年からシーズン後期のウエットフライの釣りではできるだけ小さなフライを使うという試みを始めた。フライサイズが小さくてもサクラマスが反応してくれるということは、長良川のサツキマスの経験から予想できていた。だが、サツキマスの数倍の体重を持つサクラマスに、小さなフックと細いティペット（ハリス）が果たして耐えられるだろうかという不安があり、それまで試すことはなかった……。

●原因は——

この年の結果は予想どおりで、フックが伸びたことが原因のバラシが2回とティペット切れで逃げられたのが1回。小さなフライでは結局1尾も釣ることはできなかった。なかでもティペットを切って逃げたサクラマスは至近距離で見たその姿から、控えめにみても70㎝はありそうだった。

●この経験を活かして

それまでも注意してはいたのだが、ティペットの傷にはさらに気を遣い、フックも小さくても強度のあるものを使うことにして翌年に臨んだ。しかし、2006年は流速の遅いポイントで60㎝足らずが1尾釣れただけ。瀬で掛けたサクラマスにはまたフックを伸ばされてしまった。

この年に学んだことは、流れの中に長く伸びたフライラインの水流抵抗は予想以上に大きいということと、フッキングの衝撃が大きいとやはり魚は激しく暴れるということだった。２００７年はリーダー、ティペットを長くして、フッキングに細心の注意を払うことを目標として九頭竜川に通った。しかし課題を試すチャンスは一度しかなく、この年も60㎝足らずのサクラマス1尾に終わった。しかし、ソフトにフッキングして無理に引き寄せることをしなければ、必要以上に暴れさせることなく寄せることが可能なことを２００７年の1尾で確認できた。２００８年、２００９年にはバラシもあったが、小さなフックと細いティペットを使用した釣りにも慣れ、最適なタックルバランスも見えてきた。

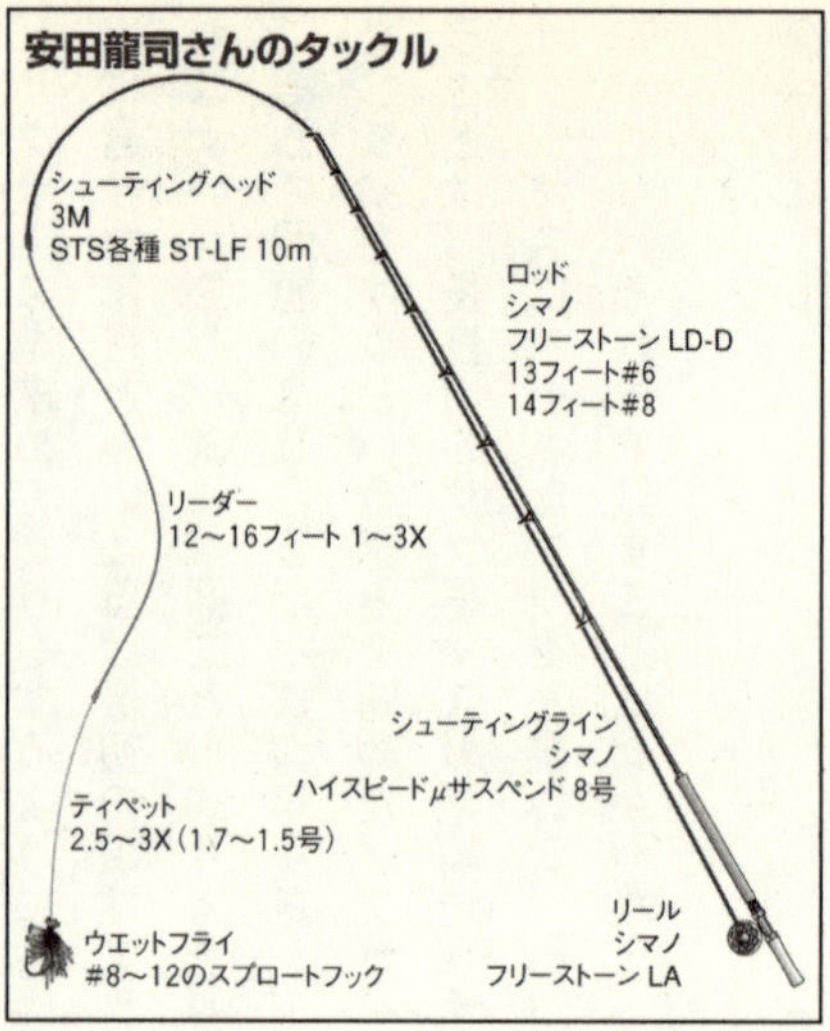

安田龍司さんのタックル
シューティングヘッド
3M
STS各種 ST-LF 10m
ロッド
シマノ
フリーストーン LD-D
13フィート#6
14フィート#8
リーダー
12～16フィート 1～3X
シューティングライン
シマノ
ハイスピードμサスペンド 8号
ティペット
2.5～3X（1.7～1.5号）
リール
シマノ
フリーストーン LA
ウエットフライ
#8～12のスプロートフック

ロッドはシマノ「フリーストーンＬＤ・Ｄ」13フィート＃6、14フィート＃8。シューティングラインはシマノ「ハイスピードμサスペンドタイプ」８号。シューティングヘッド（フライライン）は３Ｍ「ＳＴＳ」各種と「ＳＴ・ＬＦ」。リーダーは12～16フィート、１～３Ｘ。

＃８～12の小型フックでサクラマスを取りたい。バラしては学んでの試行錯誤の結果、ふわっとした軟らかい印象のウエットフライを使うようになる。愛用のフックはティムコ『TMC107SP』

ティペットは2・5～3X（1・7～1・5号）。フックは＃8～12のスプロートフック。

釣る時はフライをできるだけ正確にポイントに送り込むことから始める。本流のウエットフライというと、斜め下流にフライを投じて、フライが流れを横切るように操作する釣り方（スイング）が一般的だ。が、サクラマスが定位している位置が絞り込める時は、できるだけそのレーン上に真っ直ぐ送り込む。こうすることでフッキングを格段にソフトに行なうことができる。スイングさせてもサクラマスはフライに反応してくれるが、フライを追跡してくわえた後に流れの中で反転するため、ティペット、フックに掛かるテンションが強くなりすぎることが多い。流速が遅い時はよいが、速いとフック強度が不足して瞬間的にフックが開いてしまうことがある。

フックサイズが小さいのでどうしても万全の強度というわけにはいかないし、過度に太軸のフックではフライの動きが悪くなってしまう。また、そこでトラブルがなかったとしても、フッキングの際のショックが大きいためにサクラマスが驚いて激しく暴れてバレてしまうことも多い。

上手くフッキングできたら後は無理に引き寄せたりせず、できるだけ一定のテンションを保って寄せてくる。＃６～８のライトタックルであれば、その柔軟性がショックを吸収してくれるので、思いのほか早く寄せることが可能だ。２００９年の5月末には69㎝と72㎝のサクラマスをこの方法で釣ることもできた。

小さなフライを使えばよく釣れるというわけではない。おそらくサーモンフックの＃４～８を使用したほうがヒットする確率は高いと思うが、私の場合サクラマスは常にリリース前提で釣っている。魚の傷を最小限にしたいこと、またこのタックルバランスであれば、たとえ外れてしまったとしても、フックが開いている確率が高いのでここでも傷を最小限に抑えることができるのではという思いで試している。

しかし、２０１０年にはこの釣り方の限界を思い知らされるサクラマスに遭遇した。そのサクラマスは小さなフライをくわえて長時間泳ぎまわった後、ランディングネットの前に姿を見せた。が、あまりの大きさと体高に、友人が作ってくれた大型ネットでも上手くすくうことができず、サクラマスが反転した瞬間にフックが開いて外れてしまった。また新たな課題を胸に九頭竜川に通うことになる今シーズンが楽しみだ。

Episode 12.

岐阜県／長良川

サオの固着を恐れて…。

市川　洋

1967年生まれ。山梨県甲斐市在住。日本渓流釣連盟・甲府渓友会所属。ホームグラウンドは山梨県の釜無川。居着きの大アマゴは46㎝が自己レコード。サツキマスを求めて長良川、富士川にも通う。

●バラした！

2007年6月25日。この日も長良川にサツキマスをねらいに訪れていた。中流域の覚えのあるポイントをひと通り探ったが一向に気配がない。前日からの雨と水温の変化でサツキは動いただろうと予測し、最上流域の白鳥地区まで車を走らせた。

白鳥地区の下越佐堰堤に着くと、若干水位は高め。薄い濁りも入ってサツキマスをねらうには絶好のコンディション。私は混雑する堰堤付近をやり過ごし、それより下流の一本瀬でサオをだした。しかし夕暮れまで探ってみたものの、その日は本命のアタリを感じることはなかった。

　翌朝、車の屋根を叩く雨音で目を覚ました。本降りだったが川をのぞくと水況は昨日とさほど変わっていない。「これはチャンスだ。絶対サツキにスイッチが入るはずだ」そう読んだ私は慌ててレインジャケットを着込み川に降り立った。以前ここを訪れた時も、こういった雨の中で本命を釣りあげた実績があったからだ。

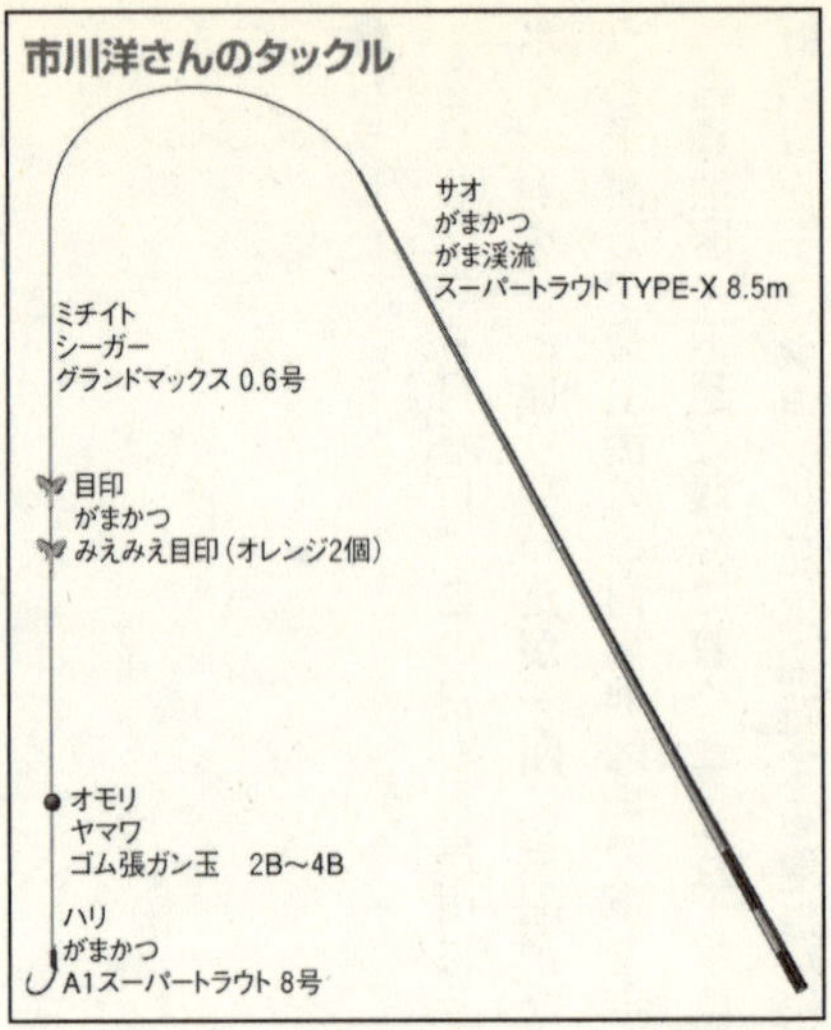
市川洋さんのタックル
サオ
がまかつ
がま渓流
スーパートラウト TYPE-X 8.5m
ミチイト
シーガー
グランドマックス 0.6号
目印
がまかつ
みえみえ目印（オレンジ2個）
オモリ
ヤマワ
ゴム張ガン玉　2B〜4B
ハリ
がまかつ
A1スーパートラウト 8号

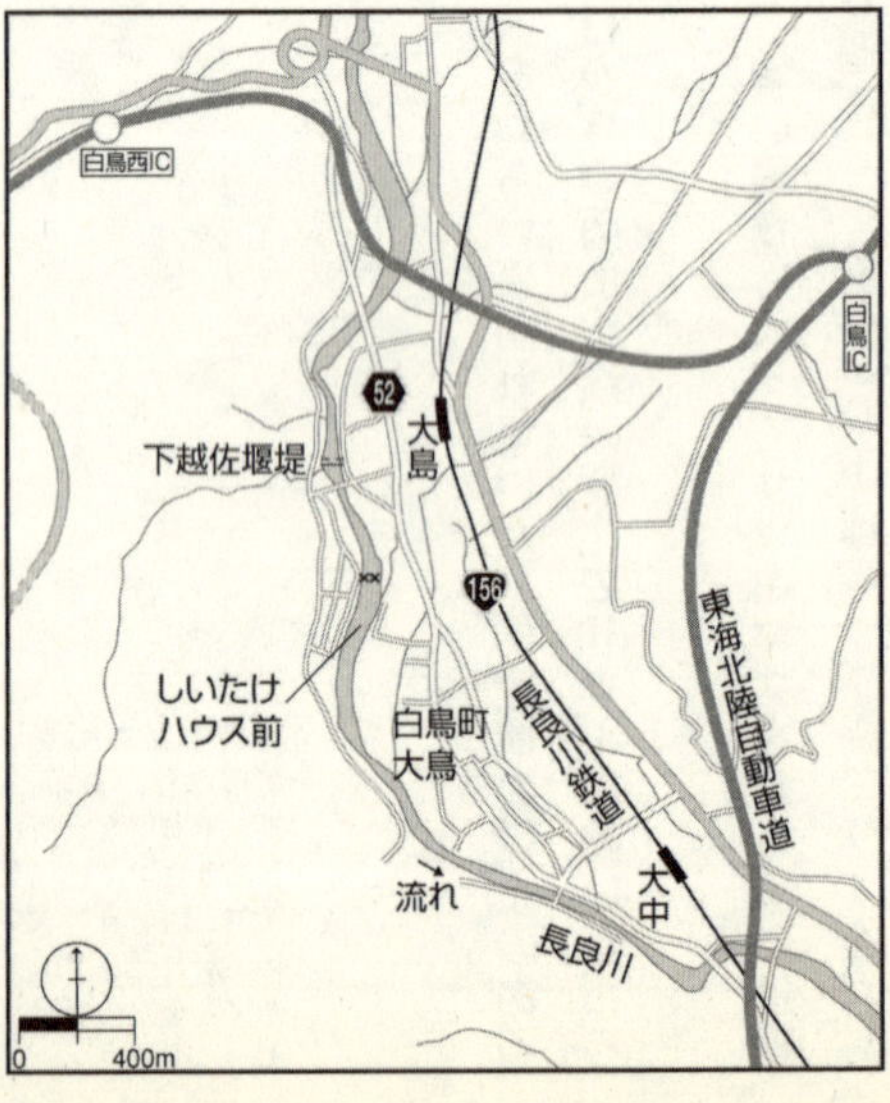
白鳥西IC
白鳥IC
52
大島
下越佐堰堤
156
しいたけ
ハウス前
白鳥町
大島
長良川鉄道
東海北陸自動車道
流れ
大中
長良川
0
400m

現在は変わってしまったが当時の下越佐堰堤下流はほどよく水深があり、頭大の底石が点在する一本瀬から大堤防に沿って流れがカーブし、通称「しいたけハウス前」の平瀬につながっていた。

ねらうはサツキマスが一本瀬を遡上しきった後に必ず休むであろうと思われる最初の大きな沈み石のウケだ。1投、2投……、どのくらいの時間が経っただろうか。雨はしだいに強くなるばかり。いよいよ心が折れそうになったその時、雨がサオに当たるそれとは違うモゾッとした感触に反射的に合わせた。サオを持つ手に魚の重量感が伝わると同時にゴンゴンゴンと頭を振りながら一気に流れに乗って走る。サツキマスと確信するのにそう時間はかからなかった。2、3歩下り、流心に突っ込もうとするサツキマスにサオを寝かせて耐える。緩やかな流れに導き、いよいよズームを伸ばそうとサオを立てた瞬間、「パッーン」と嫌な音が。なんとサオが折れてしまったのだ。慌てて流れていくサオを追っかけ回収する。するとラッキーなことにまだサツキはバレていない。

「もうどうなってもいいや」と思い、折れたサオでふたたびサツキとファイト。が、6番から真っ二つに折れ、5m程になってしまったサオに9mはあろうかという仕掛け。初めての経験だったが、魚が魚だけになかなか寄って来ない。ましてやタモ入れなど絶対不可能。それでもなんとか短くなったサオを駆使し、時間をかけて弱らせることができた。慎重に浅場に寄せ、腕を精一杯伸ばし陸に引きずり上げるようにして取り込んだ。上流で釣っていた仲間が、両手にサオを持ってやり取りしている私の滑稽《こっけい》なようすを見て、なぜ2本もサオを持っているのか不思議だったと笑いながら駆け寄って来た。

2007年に手にした長良川のサツキマス。今シーズンも長良川詣は続く

●原因は――

バラした原因というよりもサオが折れた原因を考えると、転んだり、普段置きザオはしないので傷やヒビが入っていたなどとは考えられない。ではなぜ折れたのだろうか？

答えは雨だ。

サオを伸ばす段階で雨が降っていたので固着するのを恐れ、しっかり伸ばしきらないまま使っていた。そのうちサツキが掛かり、やり取りしているうちに徐々に6番が節落ちしていったが、それに気付かずズームを伸ばそうとサオを立てたため、6番に通常時とは異なる負荷が掛かり折れてしまったのだ。

●この経験を活かして

魚を取り込んだ時の喜びはいうまでもなく大きいものだが、バラした時のショックはそれ以上に大きい。今回は運よくサオが折れてもハリが外れず取り込むことができたが、せっかく掛けてもバラしたのでは釣れないのと一緒だ。そうならないためにも日頃のメンテナンスが重要になる。特にサオは砂や水などの汚れが大敵だ。使用後はまめに水洗いして水分を拭き取り、よく乾かす。賛否両論あるが、サオが乾いたらメンテナンス用品などを塗っておくことをおすすめする。

今回のようなトラブルは、ちょっとしたことで防げる。バラしてショックを受ける前に、転ばぬ先の杖として日頃からタックルのメンテナンスはしっかりと行ないたいものである。

Episode 13.

群馬県／渡良瀬川

ラインの傷を見て見ぬふりをして…。

川津　茂

1963年生まれ。栃木県小山市在住。奔流倶楽部渓夢所属。ホームグラウンドは鬼怒川。居着きヤマメの自己レコードは鬼怒川の43cm、サクラマスは子吉川の61cm。

●バラした！

今から遡ること5年前、渓夢会長の井上聡さんと初めてサクラマス釣りに同行させていただいて以来、サクラマスに魅せられるようになった。2、3日休みが取れれば、山形、岩手、秋田、石川などの河川に「サクラマスに会いたい」という一心で遠征する。

そして、昨年（2010）は生まれて初めて「夢のような8日連続釣り三昧」を実現した。その時もやや小型ながらサクラマスを運よく手にすることができた。

そんな矢先に倶楽部メンバーの上谷さんから「事件！　那珂マス仕留めたり！」という携帯メールが届いた。すぐに連絡して写メールを送ってもらってびっくり。「那珂川の57㎝」である。しかし、それだけでは終わらなかった。7月13日にはこれまた倶楽部メンバーの田子さんが渡良瀬川の58㎝をキャッチしたのである。この2尾の大ものは、2010年『つり人』10月号でも大きく取り上げられている。私は「こんな身近な河川でもこれだけの大ものが釣れるのか!?」という衝撃を受けた。

2010年7月18日、その渡良瀬川で行なわれた渓夢の例会でのこと。早朝に田子さんから「どのポイントへ行くの?」と声をかけられた。私は別に決まっていないと答えると、「それなら、一緒にあそこ行く?」と言う。

あそことは件の58㎝があがった釣り場だ。数日前に「デカイのがまだいるよ」と聞いてはいたが、「まさか～」という思いで釣り場へ急いだ。自分はどうも渡良瀬川とは相性がよくないらしく、今まで大ものに出会ったことがない。しかし目の前に広がるポイントは、58㎝が出たという紛れもない事実がある。

「あの日からまだ5日しか経っていないし、増水もしてないし、本当にまだいるかもしれない」。そんな思いが強くなり頭の中が○×△□状態で釣り開始。

サオを振り始めて数10分後、エサのミミズを交換しようと仕掛けを回収すると、オモリから20㎝くらい上の部分が、太陽に反射して「キラッ!!」と光った感じがした。よく見るとラインが若干潰《つぶ》

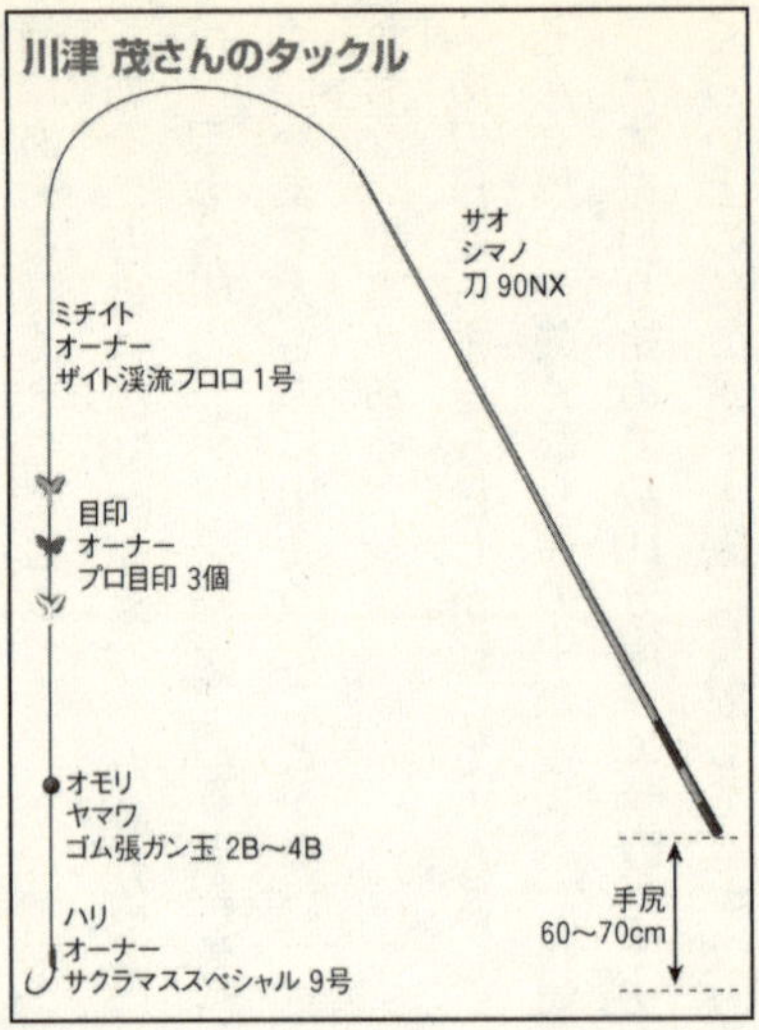
川津 茂さんのタックル
サオ
シマノ
刀 90NX
ミチイト
オーナー
ザイト渓流フロロ 1号
目印
オーナー
プロ目印 3個
オモリ
ヤマワ
ゴム張ガン玉 2B〜4B
ハリ
オーナー
サクラマススペシャル 9号
手尻
60〜70cm

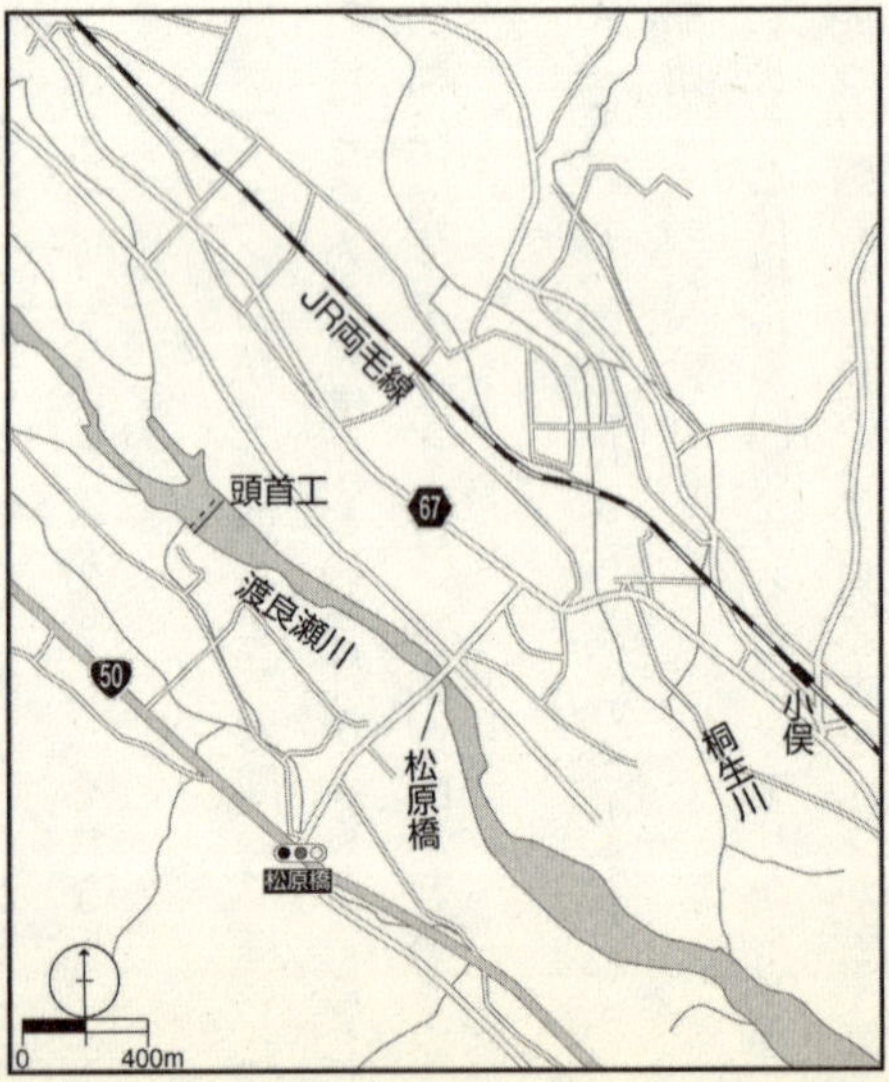
JR両毛線
頭首工
67
渡良瀬川
50
松原橋
松原橋
小俣
桐生川
0
400m

れているようにも思えた。しかしその時は自分なりに傷ではないと判断し釣りを続行した。すると数投目に「モソッ」と目印が押さえ込まれた。すかさず合わせると、ハリ掛かりした感触がすぐに両手に伝わったが……。

「あれっ、動かない！」

次の瞬間、その魚は突然沖へ走り出した。これでもかというくらいシマノ『刀90NX』が根元か

月刊『つり人』2010年10月号でも登場した田子文夫さんが手にした渡良瀬川の58㎝。この5日後に同ポイントで……

ら曲がっている。40㎝台の魚ではないことは引きの強さと重量感ですぐに感じ取れた。水中イトはフロロカーボンの1号、ハリはサクラマススペシャル9号だった。すぐ頭に浮かんだのはキラッと光ったあの部分のこと。

「ヤバイ!」そう思ってもアフターカーニバル(後の祭り)だった。本来ならこのタックルバランスを考えたらそこそこ耐えられるはず。でも強めにサオを絞ればきっとあの部分から切られるであろうと思っている間にさらに魚はグンとサオを絞め込む。「プツン!」無情にも炎天下の青空をヒラヒラとラインが舞った。

●原因は――

やはりあのライン潰れから切られてい

た。違和感を感じた時にハリスを交換しなかったことがすべての原因だった。「まあ大丈夫だろう」という自分の甘さを痛感した忘れられない出来事になった。

●この経験を活かして

ラインの傷は妥協せず「気づいたら交換する」ことを徹底すると心に誓った。2010年のラストは、長野県の川へ初挑戦した。あの時の教訓を思い起こし、ハリス部分をこまめに指先で確認し、少しでもざらつきや違和感があったら交換。さらにハリ先のチェックもしっかり行なうことを実践したのが幸を奏したのか？　運よく宝石のような43㎝の鼻曲がりのオスと出会うことができた。

失敗をはじめいろいろな体験やドラマがあるから釣りは面白い。クラブの仲間や川で出会った釣り人、そして大自然に感謝しながら、大ものとの出会いを求めてこれからもサオを振り続けたい。

Episode 14.

長野県／犀川

ドラッグを締めすぎて…。

津久井利幸

1970年生まれ。群馬県桐生市在住。本流のミノーイングを得意とする。地元の利根川、渡良瀬川をはじめ長野県犀川がホームグラウンド。中でも犀川のワイルドレインボーに魅せられている。

●バラした！

２００８年の夏である。大型ニジマスをねらって長野県犀川に何度も足を運んでいた。７月中旬から夕立はあってもまとまった雨がなかった。水温は20℃を超えていた。陸郷観測所の水位は60～70㎝。ひと雨来るのを待ってから釣行したかった。ただ先週末も取水塔前の瀬を右岸側から流して50㎝を超えるブラウントラウトを釣っている。しかもミノーが着水すると同時に太い背を水面に出して食らいついた。セミなどの落下してくる昆虫を意識しているのか、大胆な捕食だった。こんなこともあり、次の週末の瀬の釣りのイメージを脳内で繰り返していた。

8月3日、晴天、水温21℃。この日も平ダム放水口の左岸側から入川し、取水塔前まで500mほど釣り下る間に40㎝クラスのニジマスを2尾キャッチした。対岸下流に見えるフライフィッシャーも魚を掛けている。期待が膨らんだ。

本命ポイントである取水塔前の瀬上部に着いた時は、すでに対岸のフライフィッシャーが流した

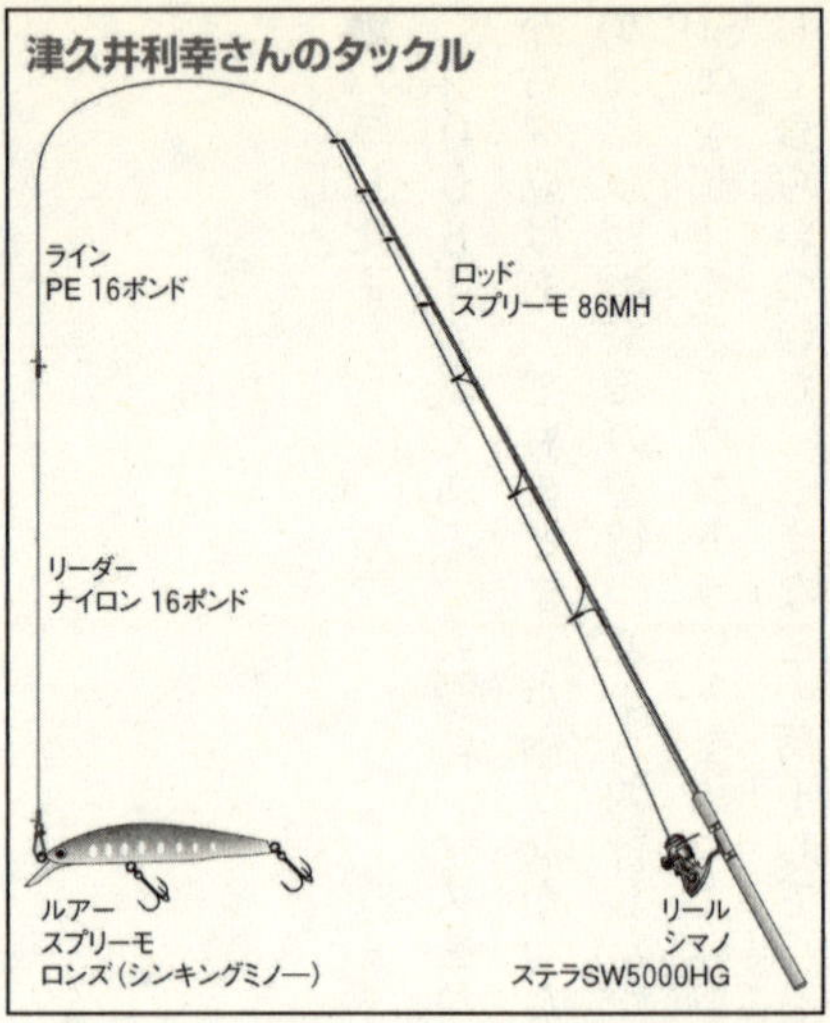
津久井利幸さんのタックル
ライン
PE 16ポンド
ロッド
スプリーモ 86MH
リーダー
ナイロン 16ポンド
ルアー
スプリーモ
ロンズ（シンキングミノー）
リール
シマノ
ステラSW5000HG

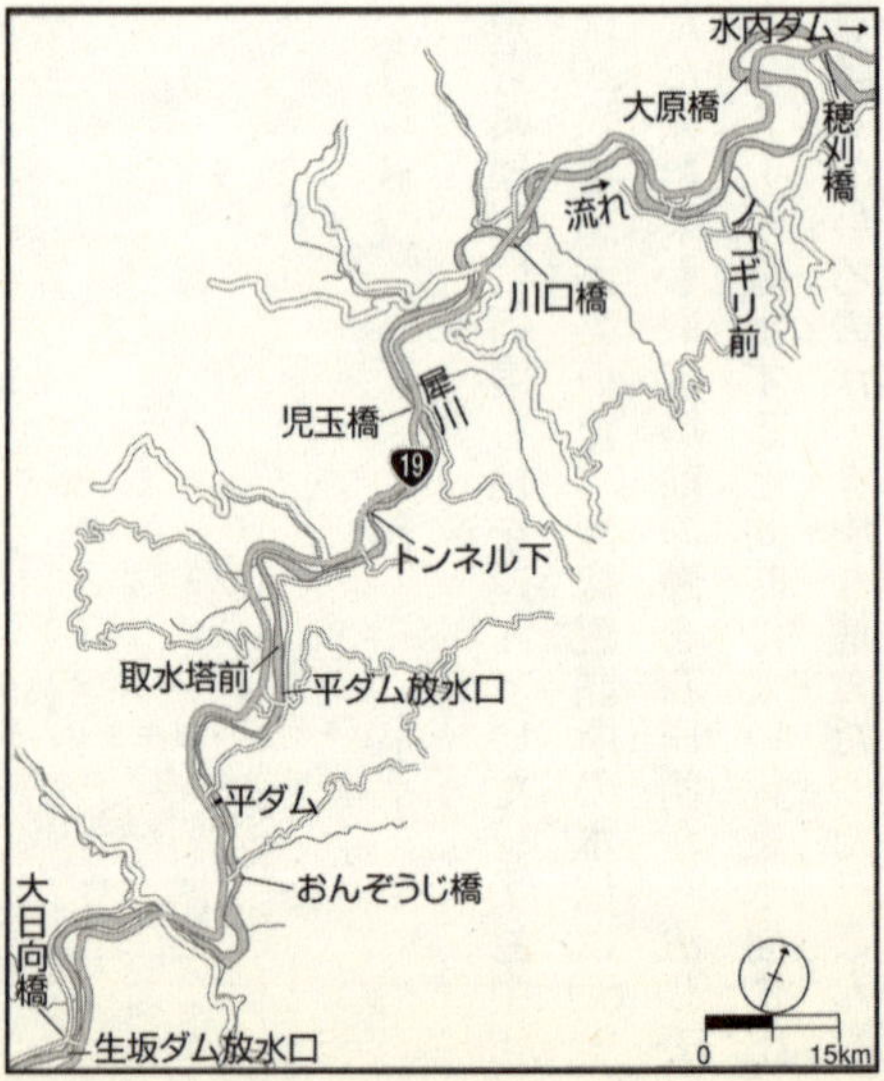
水内ダム→
大原橋
穂刈橋
流れ
ノコギリ前
川口橋
犀川
児玉橋
19
トンネル下
取水塔前
平ダム放水口
平ダム
おんぞうじ橋
大日向橋
生坂ダム放水口
0
15km

後だった。そこで瀬の上部には手を付けず、1投目から瀬の中ほどにある緩流帯、大岩で流れがそこだけ緩くなったピンスポットへキャストした。着水の角度やトレースコースに細心の注意をはらってシンキングミノーを送り込む。2投目は同じコースからさらに奥へキャストしてティップを軽く二度弾いたと同時にドスッという手応えがあった。

「ザバッ!」大型のニジマスがミノーをくわえ、飛び跳ねて下流へ猛ダッシュする。10m以上走ってはまた跳んだ。これだけ暴れて外れないならフッキングは心配ないだろう……。これぞニジマスとばかりにロッドを曲げ、抵抗してはまた走った後に魚は20m下流で張り付いていた。

楽しさを感じつつ寄って来ない魚にダラダラと意図のないやり取りを続けていた。そのうち魚が上流に走った後に軽くなった。慌ててリールを巻くと魚は足もとのすぐ先にある大岩の際、腕を伸ばせばネットが届くほどの所まで来ていた。デカイ。PEラインを通じて大マスの荒い息使いで口もとに掛かったルアーがパタパタと動くのを感じた。次の瞬間、フッと軽くなり魚は消えていた。

●原因は――

PEラインの性質は伸びがないこと。だからこそ高感度でルアーのレスポンスもよくなる。が、逆にルアーが弾かれるシチュエーションも多く、瞬間的な力が強く掛かりすぎてしまう。ニジマス=走る・跳ぶ魚であり、そこに流れの力が加わる。バラシの原因は魚の力、流れの力を効率よく利用できず、魚を疲れさせられなかったことにある。そして伸びがなくショックアブソーバー効果のないPEラインを使う場合はリールドラッグのテンションを低く設定することが肝要である。ドラッグをきつく締めすぎていた。おそらく何度もジャンプし、走られるうちに掛かりが甘くなっていたのだ。

●この経験を活かして

バイト直後のジャンプ。流れの中で長く成長してきた大ものは警戒心が強い。ルアーをくわえた瞬間の違和感でニジマスはむろん、大型のブラウンですらジャンプしてハリから逃れようとすることが多々ある。バイトと同時にダッシュされれば流れのきつい瀬では食った瞬間から走られ、何もできずにサヨウナラとなる。不測の事態に備え、ドラッグをズルズルに緩めるようになった。

大きなルアーを食いきれない30㎝くらいのニジマスは、ファイト中にルアーが外れやすい。これもズルズルのドラッグ設定にすることで食い込みがよくなり、格段にキャッチ率がアップした。こうした小型も数を釣ってみるといくつかパターンがあることに気付かされた。ヒット直後はジャンプするか下流へ走る。サオを倒した逆方向へ走る、力の加えられる方向とは逆に進む。ファイト中に止める（圧力をかけない）と、ルアーをくわえたまま上流へ向かう。

またニジマスが走っている時は無理に走りの邪魔をしない。障害物へ向かわれる時を除きドラッグを締めるのはNG、どんどん走らせて疲れさせるのが効果的だ。次に魚が下流で止まったら上流からはプレッシャーを掛けない。こんな時は魚も休みやすく疲れづらい。川底に張り付いて頭を振

ワイルドレインボーが多い犀川

り、垂直にジャンプされてフックアウト！なんて経験もある。

魚の頭を上流に向けて酸素を吸わせないように、流れに対して横向きに泳ぐように仕向けてさらに疲れさせること。できるだけ魚を休ませないように止まったらすぐに走らせたい方向と逆側へロッドを倒し、横向きに走らせるようにする。対岸へ向かわせたい時は自分のいる岸側にサオを倒す。

以上のように緩めのドラッグ設定にすることで意図的に魚を誘導し、速やかに効率よく魚を疲れさせることで、ファイト中にジャンプでバラシたり、すっぽ抜けやフックが伸びたなど、いくつかの問題が大幅に減った。

Episode 15.

山形県／湯井俣川

気分高揚により…。

川嶋伸幸

1972年生まれ。東京都町田市在住。宇都宮渓遊会所属。略）すとまじテンカラ部所属。ホームグラウンドは特になし。人生最大の魚は山梨県野呂川で釣ったイワナ34cm（約）。

●バラした！

2010年9月24日、低気圧の影響を受けた雨上がりの日であった。

その日は「渓の翁」こと瀬畑雄三さんと同行の約束をかわしていた。愛読誌である別冊『渓流』の取材と出発直前に知らされた。雑誌に出てくる馴染みのメンバーに混じり、山形県の湯井俣川へ足を踏み入れた。テンカラと源流釣りの後学のためと翁の釣りを拝見しながら1歩も2歩も後ろでサオをだせればと、うれしく思った。

身支度をのんびりして後ろからみんなの釣りを眺めていると、順番で釣るような状況が待っていた。ほとんど初対面の方と一緒に渓流に入ることになり、人見知りはしないが若干緊張していた。本当はこういう状況で毛バリを振りたくはなかった。数回の振り込みで少しレベルラインが長いと判断し、7mほどあったラインを1mカットした。

「まだ釣っていないのは川嶋くんだけじゃないか？」なんて言葉がメンバーの口からもれた。プレッシャーを感じながら手前から小さな落ち込みを目差してキャストする。毛バリが泡の中に沈み、水流とは違う感覚が伝わった。これを機に「よっ」と軽く合わせたのだった。

手に伝わる感覚はフワリとしていたが、尺を優に超えるであろう魚体がラインの先をゆったりと泳いでいた。

「みなさんより、おっきいの釣っちゃいました～（笑）」なんて言ってしまった。この言葉を後々まで翁はうれしそうに真似していた。なにしろボクの頬はニンマリと緩み、普段より鼻の下が伸びきっていたはずだ。

サオを立てても強い抵抗はなく、イワナをどこでキャッチするかは考えてもいなかった。掛けた場所から移動せず、気楽に4号のレベルラインをたぐり寄せると魚体がはっきりと見えた。

「ん？　デカイ！」と思うと、カメラマンの丸山さんも興奮して「すげえデカイんじゃないー、60cmはあるかもよ（笑）」。周囲のメンバーも騒然としている。なにしろこんな魚が本当にこんな所にいるの？　と思うような、なんてことのない落ち込みで掛けたのである。

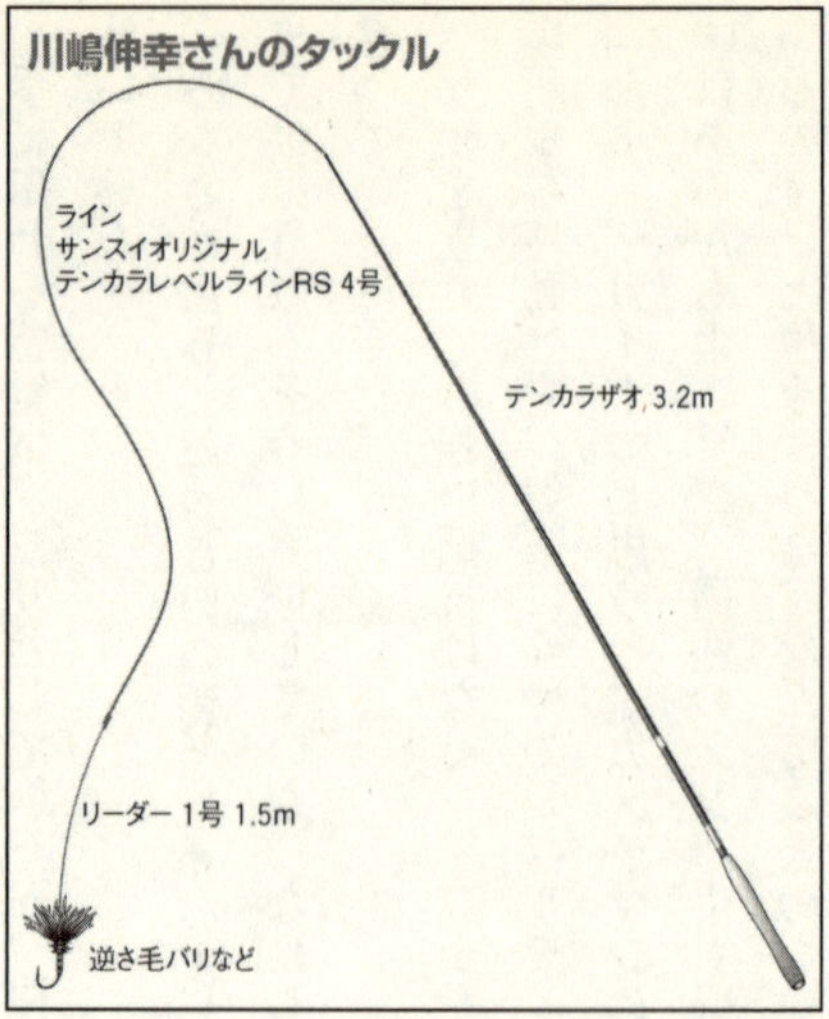
川嶋伸幸さんのタックル
ライン
サンスイオリジナル
テンカラレベルラインRS 4号
テンカラザオ 3.2m
リーダー 1号 1.5m
逆さ毛バリなど

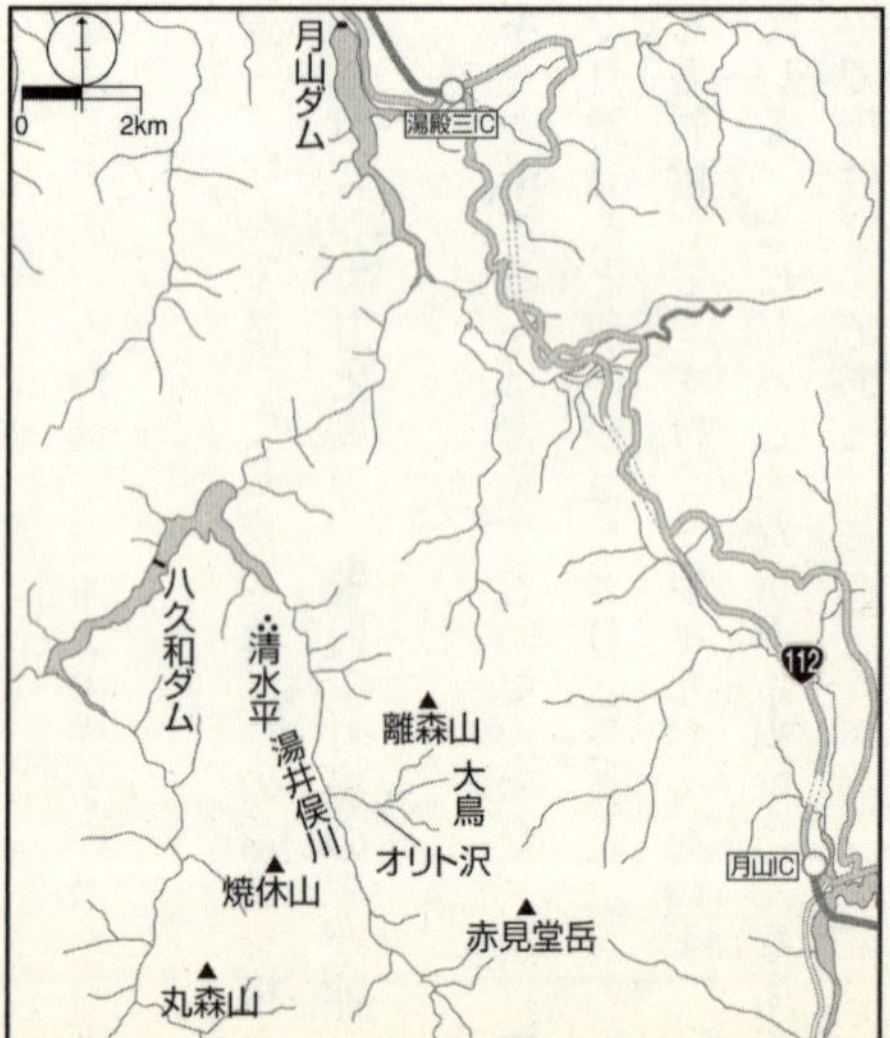
0
2km
月山ダム
湯殿三IC
八久和ダム
清水平
湯井俣川
離森山
大鳥
オリト沢
焼休山
赤見堂岳
丸森山
112
月山IC

魚体がはっきり現われると、それは今まで自分が実際に見たイワナのサイズの比ではなかった。ヒレは赤く縁取られ、丸太のように太っていて一瞬コイのようにも思えた。しかしそれはまぎれもないイワナであった。みんなの声援を浴び、夢うつつの気分で足もとまで魚を寄せた時、それまでなんの抵抗もしなかったその魚がズンッと首を振ったかと思うとその瞬間にプツリと毛バリとともに切れた。

時すでに遅し。みっともないようだが、慌てて手でつかもうとしたがその魚は掛けた時と同じようにゆったりと泳ぎ、渓の中へ戻って行った。興奮状態から覚めるのにさほど時間はかからなかった。気が付けば大イワナのバラシをうれしそうに話している声が聞こえたのである。

湯井俣川のこんな変哲のない流れで大ものがヒットした
Photo by Tsuyoshi Maruyama

●原因は——

仕方ない、そういうものだと思っていた。あの神々しい大イワナを釣りあげるなんてことは現実的ではない夢の話なんだと地元の仲間に笑い話として提供していたくらいだ。その日の夜もテント場の酒の肴になっただけ。充分に私らしい出来事であった。

あえて反省すべき点を挙げるのであれば、顔はにんまりとして気分が高揚しすぎたことだろう。ハリス1号では細すぎたかもしれない。結びが弱かった？　アワセが小さかった？　挙げようと思えば次から次へと課題が出る。

●この経験を活かして

その後も何尾かイワナを掛けたが、バラした魚と比べると全く小さく感じられた。次に同じサイズが掛かった時は取り込んでやるというモチベーションはもちろんある。が、基本的に私は大ものにこだわらない。釣果重視のギラギラとした釣りもよいが、渓流は釣り以外にも素敵なことがたくさんある。

この日、大もの釣りには失敗したが、マイタケ採りは頑張った。こちらの結果は舞うほどで最高だった。まあ、マイタケは見つけても逃げない。次回からはハリス1・5号で挑もうか。

Episode 16.

埼玉県／中津川

慢心して……。

風間俊春

1978年生まれ。埼玉県秩父市在住。荒川やその支流がホームグラウンド。渓流域のミノーイングを得意にする。人生最大の大ものは荒川水系中津川で45㎝のイワナ。

●バラした！

秩父に住む私にとって荒川水系は、いろいろなことを教えてもらったフィールドである。ルアーフィッシングでシーズン中は秩父だけでなく関東甲信越と時間を見つけては釣りを楽しんでいる。今でこそ秩父をメインフィールドといっているが、苦い思い出もたくさんある。その中でも渓流釣りを本気で考えるバラシがあった。

２００２年８月。前の日に強めの夕立があり、渇水気味の流れに潤いが戻ったのではないかと朝から渓流へ向かった。ルアー釣りを始めて年月を積んでいなかったわりにはそれなりの釣果を得ていた。振り返ってみれば真剣に釣りに打ち込んではいたが、そのどこかに慢心した自分がいたのだろう。「自分は釣れる……」と。

荒川水系でも激戦区の中津川へ到着したのは7時を過ぎた頃だった。入渓者がいない場所から入り、普段どおりにキャストを繰り返しながら時折7～8寸のヤマメやイワナを釣りあげていた。

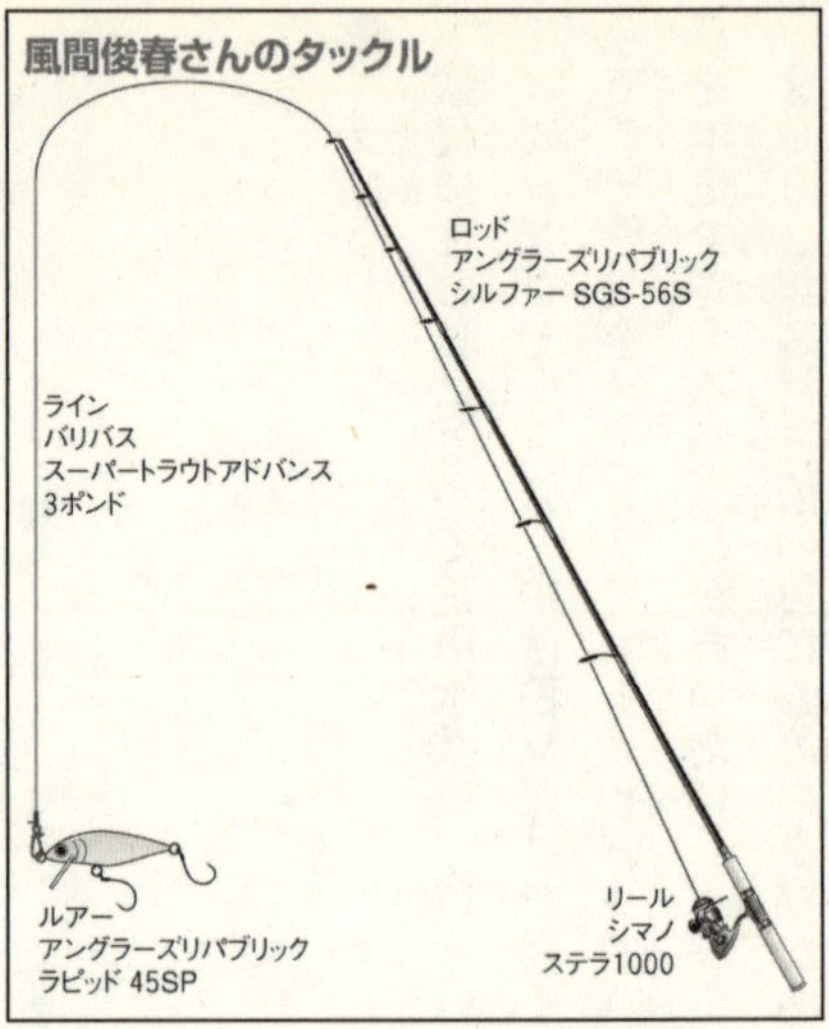
風間俊春さんのタックル
ロッド
アングラーズリパブリック
シルファー SGS-56S
ライン
バリバス
スーパートラウトアドバンス
3ポンド
ルアー
アングラーズリパブリック
ラピッド 45SP
リール
シマノ
ステラ1000

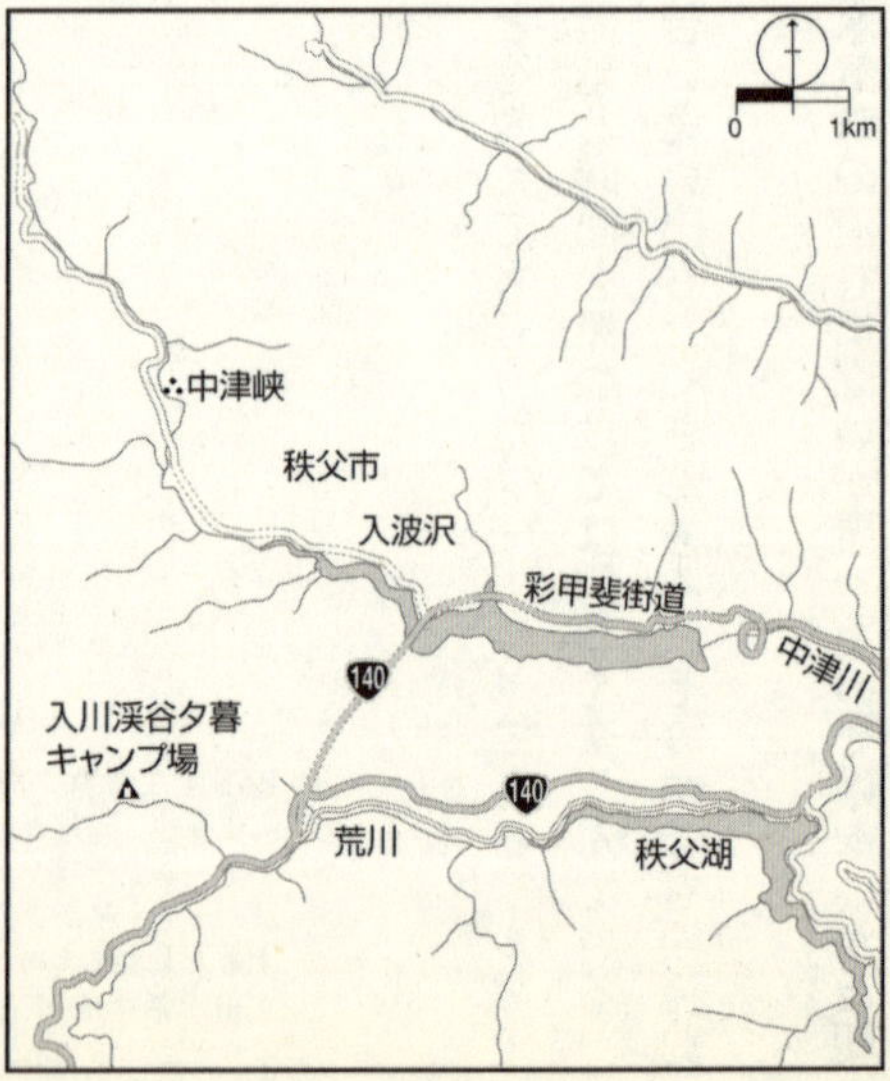
0
1km
中津峡
秩父市
入波沢
彩甲斐街道
中津川
140
入川渓谷夕暮
キャンプ場
140
荒川
秩父湖

やはり前日の雨の影響が大きいのだろう。運よく尺ヤマメを手にすることができた。少し水が増えたことで活性が上がったのは間違いない。9寸ほどのヤマメを5尾追加し、私は有頂天に近い精神状態だった。落ち込み下でイワナを釣りあげ、上流に緩い瀬が見えた。が、よいポイントに見えなかったので右岸から通過しようと瀬尻手前に来た時、ゆらゆらと細長いものが漂っていた。「あっ」と思わず口からこぼれた。大ものヤマメだった。尺を釣りあげた時を思い出し、目の前にはそれよりはるかにデカイ魚体がいた。平常心を失った。キャストすると奇跡的にルアーに反応を示しチェイスしてくる。だが、そんなうれしい気持ちも我に返る瞬間が訪れる。ポイントへ近づきすぎた自分の目の前にヤマメが来ていた。「ダメかあ」とつぶやいた瞬間、グンとサオ先に重量感が伝わった。辛うじてヒットしたが、下流へ一気に走られてその重量感は消えてしまった。

水中で暴れるヤマメを呆然と見ながら両腕はダラッと下がってしまった。手もとに空しく戻ってきたルアーのフックを確認すると、伸ばされてはいなかった。

●原因は――

やはり手前で掛けてしまったのでフッキングが浅かったのである。悔しいと思う以前に情けないと感じた。最初から魚がいないと決め付けた自分。近づいてから大ものの存在に気付いてしまったこと。すべての行動が仇《あだ》になって、そしてその結末が取り逃がす有様。その日はそれ以上釣り上がることなく家路を急いだ。

●この経験を活かして

私にとってこの日を境に本当の渓流釣りが始まりを告げた。根本的な歩き方からキャストをする立ち位置、ヒットした場合のランディングする場所まで、考えに考えて釣りをするようになった。今ではバラシは私にとって恥ずかしいことだと考えていない。もっと上達するための「何か」が隠れていると信じている。当時は恥ずかしいと思っていた。また、キャスティングも練習に明け暮れた。離れた場所からでもねらえるように何度も何度も練習した。そうして魚に警戒されず、ひとつのポイントを何分割にもして丁寧に探れる技術を習得し、釣果は激変した。

油断や慢心しないためにメンタルのコントロールまで考えながら、どんな場面でも平常心でいられることが重要だ。緊張すれば無駄な筋肉の張りが生まれ、キャスティング精度は落ちる。結果、全体のリズムまで落ちてしまう負のスパイラルに呑まれてしまう。言葉では簡単なことが一番難しい。だが、難しいから楽しいと思えると肩の力が抜ける。

その後、その大ヤマメを見ることはなかったが、2010年3月に同じ中津川で37㎝のヤマメを釣った。それよりも大きかったあの魚は、自分が成長するためのよい経験だったと思い出の1ページになっている。

Episode 17.

長野県／犀川

回収間際に…。

杉浦雄三

1972年生まれ。愛知県碧南市在住。TEAL代表。ホームグラウンドは岐阜県・長良川、宮川、高原川、長野県・犀川、梓川。シーズンを通じてウエットフライを楽しむフライフィッシャー。人生最大の渓流魚は宮川で手にした68㎝。

●バラした！

私が本流釣りで一番大ものを釣りあげているのは長野県犀川だ。この川の本流育ちのレインボートラウトは引きもタフさも半端ではない。特に4、5月の雪代シーズンの水量が多い時に釣れるレインボートラウトはすごい。あの水量、あの流速の中でエサを求めて入ってくるので、体力、筋力も素晴らしい。シーズンになるとそんなレインボートラウトをねらって、私は愛知県から3時間をかけて通っている。

今から4年ほど前のゴールデンウイークあたり、いつものように犀川へ行き、大ものの実績が高いポイントへ入った。

タックルはフライのツーハンド・ロッド9番の15フィート。ラインはバリバス「ロングテールスペイ」9/10。リールはウォーターワークス「FS3-5」。リーダーはバリバスのウエット用リーダー9フィートの1X。ティペットはドロッパー2Xでリーダーは3X。フライはこの時期に最も実績の高いオリジナルフライのツイストピーコック6番をドロッパーに付け、リードフライにオリジナルフライのポーラーセッジ6番を選んで付けた。

いつものように上流から下流に向け、ダウンクロスで釣り下っていく。大ものが潜んでいるのはいつも底ぎりぎりだ。私は川底にあるストラクチャー周りをタイトにねらっていく。根掛かり覚悟でねらわないとなかなか大ものとは出会えない。

本命ポイントを探る前に小さなピンスポットをトレースしてみると、その日は幸先よくアタリがあり、次々にヒットした。水温、水色、水量などの状況がすこぶるよいようだ。犀川にはこんなに魚がいたのかと思うほどヒットした。よさそうなポイントでフライへアタックしてくる。それもすべて良型だった。

こんな日は大ものが出ないのがセオリーでもある。そんなことを思いながら、いざ本命ポイントへ。ゆっくりとフライを沈ませて底ぎりぎりの大きなストラクチャー横にフライを流す。1回目はノーコンタクト。あれ？　と思いもう一度フライを流すとまたも無反応。そして3回目は角度を変えてフライを送り込んだが……。「もう駄目だ、出ない」と思ってフライを回収しようと力任せに引っ張った。そのポイントからフライが出た瞬間だった。根掛かりかと思うほどものすごい重みと強烈に強引な力が私のフライラインを持っている手に伝わってきた。

「ブッチィー！」と一撃でティペットが切れ、その後に水面を大きく割ってジャンプして姿を見せたのは70㎝を優に超えるサイズのレインボートラウトだった。私がこれまで手にしたレインボート

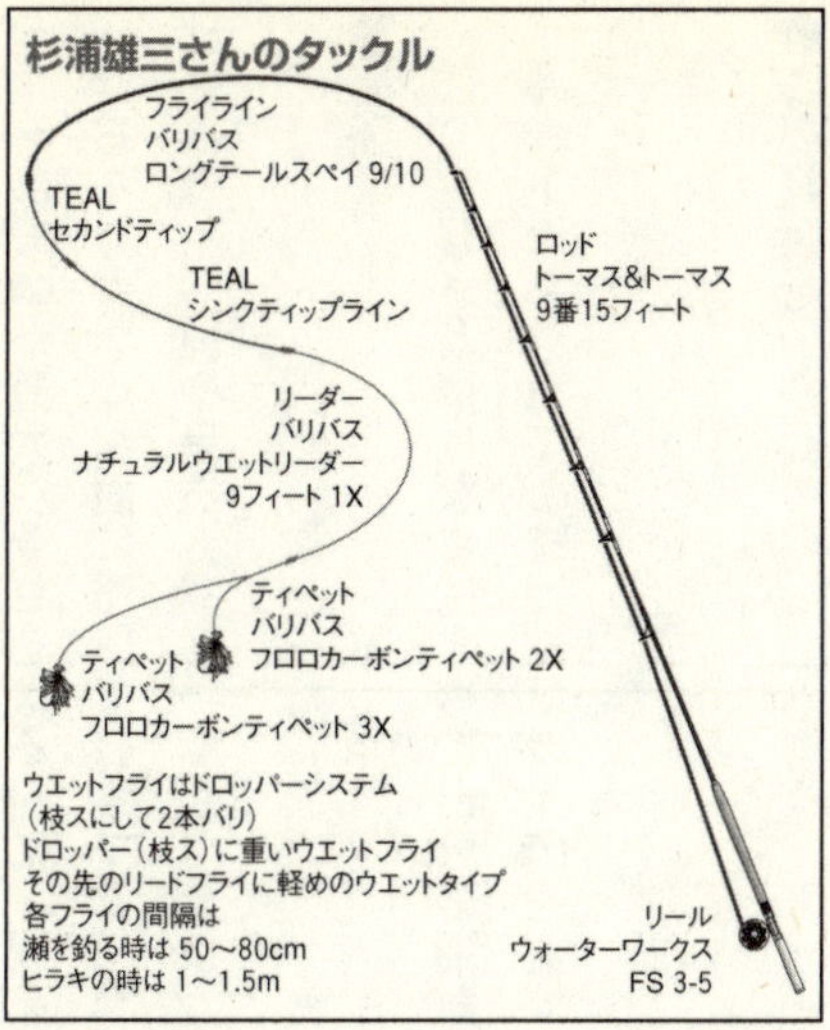

杉浦雄三さんのタックル
フライライン
バリバス
ロングテールスペイ 9/10
TEAL
セカンドティップ
TEAL
シンクティップライン
ロッド
トーマス&トーマス
9番15フィート
リーダー
バリバス
ナチュラルウエットリーダー
9フィート 1X
ティペット
バリバス
フロロカーボンティペット 2X
ティペット
バリバス
フロロカーボンティペット 3X
ウエットフライはドロッパーシステム
（枝スにして2本バリ）
ドロッパー（枝ス）に重いウエットフライ
その先のリードフライに軽めのウエットタイプ
各フライの間隔は
瀬を釣る時は 50～80cm
ヒラキの時は 1～1.5m
リール
ウォーターワークス
FS 3-5

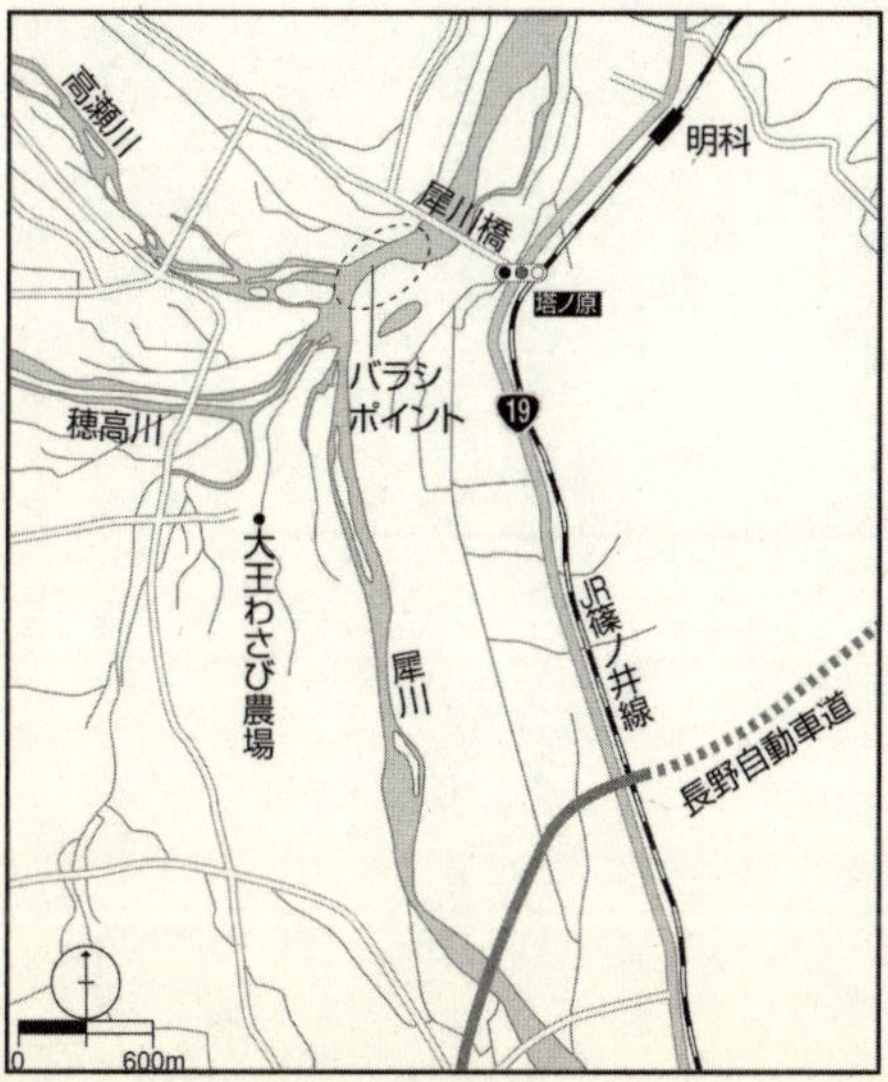

高瀬川
明科
犀川橋
塔ノ原
バラシ
ポイント
穂高川
19
大王わさび農場
犀川
JR篠ノ井線
長野自動車道
0
600m

ラウトは67㎝が最大。それをはるかに上回るサイズが目の前をジャンプしていた。たるんで力なく水面に浮いているフライラインと直立しているツーハンド・ロッドを見つめ、しばしあ然と、いや呆然と立ちつくしてしまった。

●原因は——

この悔しさと情けなさはすべて自分の油断と経験不足が生んだ。それからというもの、私はピンポイントから外れてしまったフライでも必ず3回まではしっかりと誘いのリトリーブをするようになった。

●この経験をいかして

4年後の2010年5月上旬。私は3連休を取り、宮川、高原川（岐阜県）、犀川と本流を巡った。まずは宮川本流でのこと。この年はどこの本流へ行ってもすこぶるよい状況であった。最初から良型のレインボートラウトが釣れる一番のポイントへ入った。1回目のトライ、ピンスポットへフライを送るがノーコンタクト。そしてゆっくりと誘いのリトリーブを入れてもだめ。2回目、ピンスポットへフライを送るがノーコンタクト。「もう駄目、出ないかな」と思ったが、ゆっくりと誘いのリトリーブを1回、そして2回目を掛けた瞬間、今までに味わったことのない強烈な引きと重みが私の手から全身へ伝わった。それと同時に水面を割ってジャンプしたのは、いかにも本流育

雄大な犀川の深瀬。フライ回収の際はリトリーブで誘う

ちという体高のある魚だった。

「冷静に、冷静に」と自分に言い聞かせ何度もジャンプを繰り返すニジマスをいなしながら、ようやくキャッチすることができた。ランディングネットに収まったのは何と私が今までに釣った最大サイズを更新した68㎝であった。

Episode 18.

富山県／北又谷

釣れすぎて…。

丸山　剛

1962年生まれ。神奈川県厚木市在住。源流カメラマンとして別冊『渓流』に22年携わる。今まで釣りあげた一番の大イワナは、エサでは40cm、テンカラでは45cm(岩井俣沢と北又谷)。ルアーで礼文島の海アメマス55cm。

●バラした！

１９８８年、初めて源流でテンカラ釣りをしたのが黒部の北又谷だった。人のサオを借りてやったのだが、魚の多い谷だけあって尺オーバーのイワナが難なく釣れた。１９９２年に再訪すると、同行者の瀬畑雄三さんが長瀞淵の手前で今まで見たことがないような大イワナを掛けた。だが下流に走られ、大石の下に入り込まれバラしている。２００１年、今度は旧魚止滝上流で、見えるイワナはデカイものばかりで上流から流れてくるエサを待っていた。こうした状態のイワナはテンカラで釣りやすい。上流から毛バリを流してやればすぐに反応した。釣りあげたイワナは39㎝。しかし、同行者の城野さんが釣ったのは45㎝だ。この年最初の入渓者であろう自分たちは先の釣果に期待が膨らんだが、不安定な天気による増水と雷に断念せざるを得なかった。

2002年も北又谷へ釣行することになった。またもや同じポイントに大イワナは並んでいた。今回は自分も42㎝イワナをゲットし、先を目差す。天候も安定しているようで、最初の幕場の恵振谷出合に1泊してから、2日目は又右衛門滝を巻いて上流のゴルジュを突破して行った。少しでも余裕ができるとサオを振る。ゴルジュの中でも尺オーバーのイワナが面白いように釣れた。自分たちは笑いが止まらなかった。何しろやたらに釣れるので先へ進めない。

ゴルジュの中のトロ場に入った所で大石が真ん中にあるポイントに立った。石をめがけて毛バリを振った。自分の毛バリは沈めるタイプで、ラインを見ながらサオを立てていった。

一瞬ラインが引き込まれた。これを合わせると、魚は一気に上流に走った。4mのサオが弓なりになる。デカイと思いながらも結構強引に引き寄せていった。寄せてきた魚の姿が、前日に釣りあげた42㎝よりも大きなことを知ってしまった。そいつは背中が真っ黒で太く、50㎝はありそうに見えた。その時の自分はニンマリしていただろう。これを同行者に見せて自慢してやろう、と考えたのだ。そして皆が追いつくまでにキープしようとラインをつかんで引き寄せた。腰まで水に浸かっている状態だったので、イワナが足に絡もうとするとは思ってもいなかった。足に絡まれたらヤバイと思い、さらにラインを短く持ってしまった。短いラインになったところでイワナは大暴れした。1・7号のフロロカーボンラインが耐えられずブチッと切れた。その瞬間、皆が追いついた。自分の興奮は冷めやらず、皆に「すごいデカイのが掛かったんだよ！」と主張したのだが、皆の視線は上流にしかなかった。

●原因は――

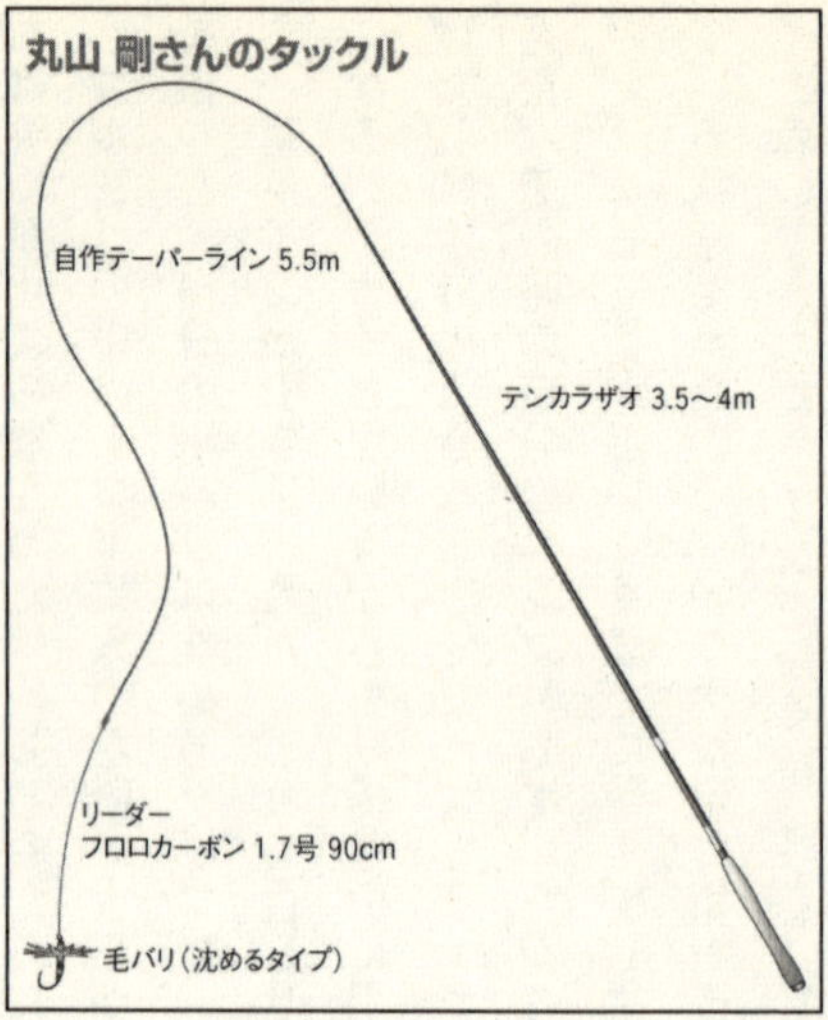
丸山 剛さんのタックル
自作テーパーライン 5.5m
テンカラザオ 3.5～4m
リーダー
フロロカーボン 1.7号 90cm
毛バリ（沈めるタイプ）

富山県
朝日町
長野県
吹沢谷
白金谷
黒岩谷
定倉山
又衛門滝
北又谷
漏斗谷
白金滝イワナ
(45cm)
42cmイワナ
バラした場所
恵振谷
北又ダム
白馬連山高山植物帯
0
1km

同行者の城野さんが釣った45㎝

それまでに釣れすぎていて、やり取りが雑になっていたこと。大イワナと分かった時点で魚をどこで取り込むか考えて、周りの状況を把握しなかったこと。足場のよくない状況だからラインを引き寄せず、完全に魚が弱ってくるまでサオでいなしていればよかった。

●この経験を活かして

大イワナをバラした後、白金滝の手前まで釣り上がって行った。それでも尺オーバーのイワナは面白いように釣れ続いた。結局、昼前にもかかわらず釣り主体でもう幕場にしてしまうことにした。この辺りは北又谷でも魚が多い所である。幕場をつくったらサオだけ持って釣りに出かけた。白金滝の2段目の落ち込みに、大岩の上から毛バリを流した。するとすぐにラインが引かれた。アワセが決まる。サオが強烈に曲がった。しかし、立っている位置が5mくらい高い場所だった。

今度は冷静に状況を判断した。まず魚を流れから出して下の淵まで落としていく。そこで魚が弱るまでサオでいなし続け、魚の口が水面まで出て弱ってから岩を降りる。それしか方法はなかった。サオを下流に引いて魚を誘導するように流れから出し、淵に落とした。やはりデカイ！ 淵に落ちた大イワナは泳ぎまくった。サオの弾力を利用して大岩の上からいなし続ける。ようやく力が少しずつ弱っていくのを感じた。最後は口を水面から出させたままパクパクさせてしばらく待ち、完全に横になるのを見定めてから、片手でサオを持ち上げたまま慎重に大岩から降りて魚を引き寄せ、手で捕まえた。もうイワナは弱っていて、暴れることもなかった。釣りあげたイワナは丸々と太った45㎝。テンカラで釣ったイワナの自己最長記録に並ぶものであったが、バラしたイワナはもっと大きかったろうと思うと悔しくてたまらなかった。

アユ編

写真は 2009 年、相模川で大谷正則さんが
手にした 32.5㎝。この魚を手にするまでに
何度バラシがあったことか……

Episode 19.

山梨県／富士川

イトを早く手繰りすぎて…。

加藤　清

昭和30年生まれ。山梨県上野原市在住。ホームグラウンドは山梨県桂川、富士川。人生最大のアユは富士川の31㎝。

●バラした！

それは平成18年の9月17日、正午頃のことである。

懇意にする「あしざわオトリ店」に午前6時頃到着すると、駐車場には約30台ほどの車と仮設テントがあった。どうやらアユ釣り大会が行なわれているようだ。

店内には大会に参加する大勢の釣り人がいて、みな楽しげに談笑していた。この時ご主人の芦沢さんから、いきなり「大会に参加してほしい」と言われ、少し考えた末、急きょ飛び入り参加することになった。その大会とは山形香友会主催による「富士川大鮎バトル大会」で、検量はアユ1尾の最大寸法を競うものだった。しかし、参加者を見ると競技会で優勝経験を持つ人もおり、私には少し場違いな感じに思えた。

競技説明が終わると、車で移動しながら目差すポイントをあれこれと考え、飯富橋に決めた。飯富橋は岩盤帯に3本の流れがあり、大アユが潜んでいる。しかし川は2、3日前の雨で水が高く濁りがある。よい条件ではなかった。

さっそく支度をして、まずは飯富橋下の右岸に入ったが立て続けに3尾バラしてしまった。その後、ポイントを移動しながら飯富橋から約100m釣り下るが、すでに時計は正午を示し、釣果は4尾、24cmが最大であった。

競技時間も残り2時間半となり、焦る気持ちを抑えながらテトラ前の瀬で釣ることにした。このポイントは9月初めに29cmを釣っている所で、期待を込めてオトリを瀬肩に送り込んだ。その瞬間、激しいアタリがあり、一気にサオ先が流心に引き込まれた。サオの角度をなんとか保ちながら、下流に走り、急流から大魚を引き寄せようとした。しかし、水深2mの荒瀬からの取り込みは難しく、約50m釣り下り、やっとの思いで流心から引きずり出すことができた。さらに暴れまわる大アユを引き寄せて見ると一見して尺はあることが分かった。サオを担ぎ、イトを手繰り寄せる手が震えるほど興奮した。釣りあげれば優勝は間違いないだろう。

はやる気持ちを抑えながらイトをゆっくりと手繰る。タモに手をかけようとしたその時だった。

尺アユに食い込んだハリが抜けたのである。魚はあっという間に流心深くに消え去った。しばらく放心状態。優勝と夢の大魚が手からすり抜けたのだった。

その後、岩盤帯の真ん中の流れで27㎝と27・5㎝の2尾を追加して競技を終えた。結果は2位と健闘できたものの、尺ものをバラしたことで眠れぬ夜になった。

加藤　清さんの現在の大アユ仕掛け

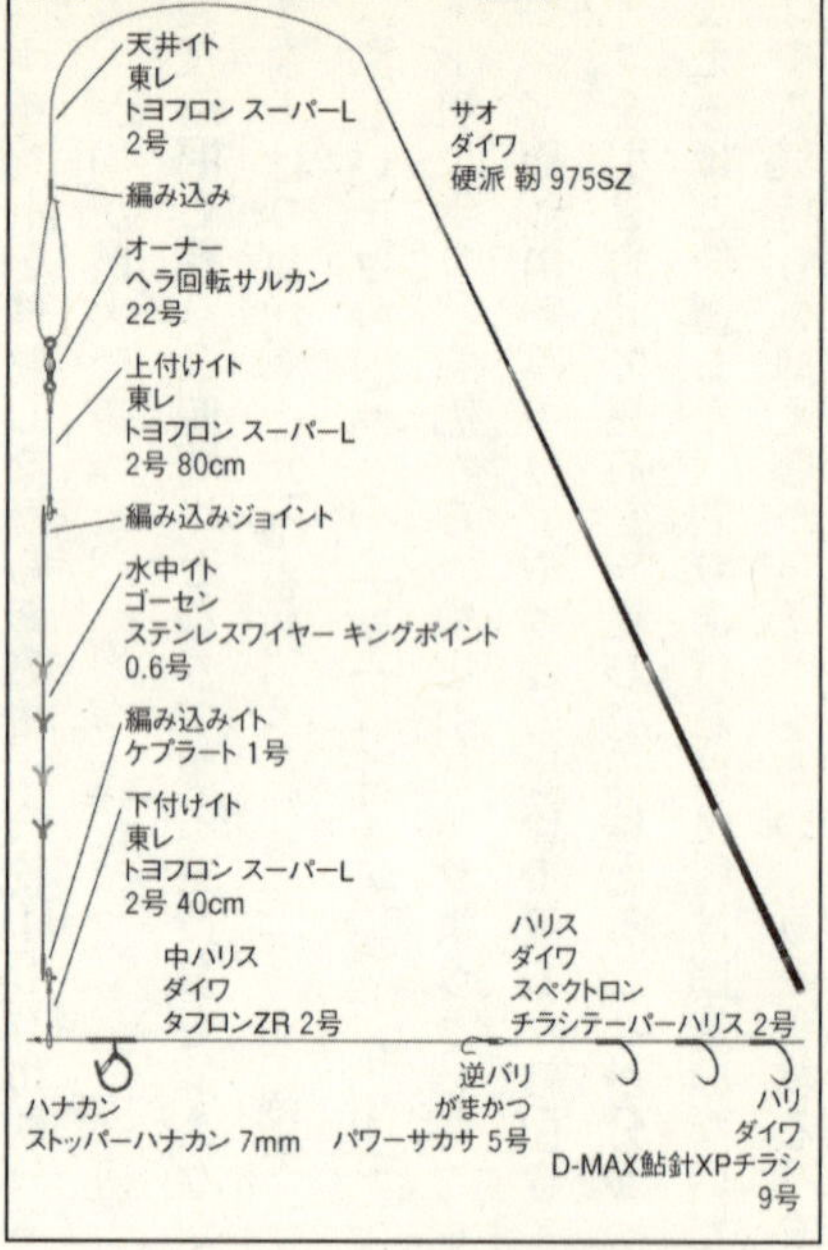
天井イト
東レ
トヨフロン スーパーL
2号
サオ
ダイワ
硬派 靭 975SZ
編み込み
オーナー
ヘラ回転サルカン
22号
上付けイト
東レ
トヨフロン スーパーL
2号 80cm
編み込みジョイント
水中イト
ゴーセン
ステンレスワイヤー キングポイント
0.6号
編み込みイト
ケプラート 1号
下付けイト
東レ
トヨフロン スーパーL
2号 40cm
中ハリス
ダイワ
タフロンZR 2号
ハリス
ダイワ
スペクトロン
チラシテーパーハリス 2号
ハナカン
ストッパーハナカン 7mm
逆バリ
がまかつ
パワーサカサ 5号
ハリ
ダイワ
D-MAX鮎針XPチラシ
9号

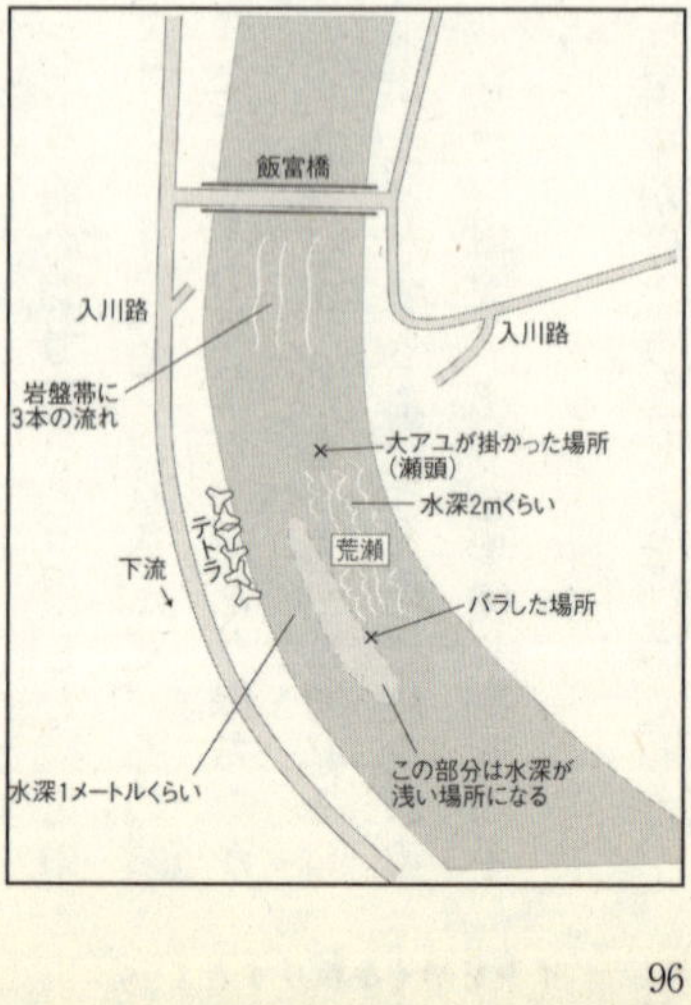
飯富橋
入川路
入川路
岩盤帯に
3本の流れ
大アユが掛かった場所
（瀬頭）
水深2mくらい
テトラ
荒瀬
下流
バラした場所
この部分は水深が
浅い場所になる
水深1メートルくらい

●原因は——

尺アユを手もとに寄せるまではサオの弾力で対応できる。しかし水中イトを手繰り寄せることでサオの弾力がなくなる。サオの弾力があってこそ大アユの引きをコントロールできた。おそらく私の場合は早く手繰りすぎたのがバラシの原因と考えられる。

大切なのは焦らないこと。必ずサオの弾力が活きるように角度を保ち、魚を充分に弱らせる。そして、魚がおとなしくなったところでイトを手繰り寄せるようにしたい。

●この経験を活かして

まずはサオ。単に硬いだけではなく、タメの効く軟らかめのサオをおすすめする。操作性を考えると9～10mが大アユ釣りには適している。硬いサオは反発力が強すぎて身切れなどのトラブルがある。数少ないチャンスをものにするにはそういったトラブルは避けたい。

次にイトについて。大アユ釣りを始めた頃は、0・2号のメタルラインに1号程度の付けイトを使っていた。しかし、このラインでは荒瀬の芯などで切られることがしばしばあった。現在はイシダイ釣りでも使われるステンレスワイヤ0・6号を用い、付けイトは2号にしている。

最後に取り込み。荒瀬から大アユをキャッチするには、川を見てシミュレーションをすることが大切だ。急流で取り込む際は30～50m疾走しながら釣り下ることがある。具体的にいうと、いきなり釣るのではなく川全体を観察すること。コケで滑りやすくなった川を走ることが多々あるので、

日本３大急流に数えられる富士川。オトリを沈めるのも難しい荒瀬は、取り込み場所をあらかじめ計算してからねらうこと

釣り下る場所、確実に取り込むことができる場所をあらかじめシミュレーションするのが肝要だ。

平成18年９月21日、富士川富山橋下流２００ｍの地点でリベンジを果たす。念願の尺上、31㎝の尺アユを釣りあげることができた。あのバラしからわずか４日後の出来事で、谷あり山ありのアユ釣りをとおして、まさに人生の縮図を見た思いがする。

Episode 20.

山梨県／富士川

パワー不足…。

菊間将人

昭和37年生まれ。静岡県伊東市在住。ホームグラウンドは狩野川、河津川、富士川。人生最大のアユは山梨県富士川で30.5㎝。

●バラした！

平成14年、私のホームグラウンドである狩野川は、天然遡上が非常に多く、釣果は毎回50尾以上と好調だった。しかし良型は少なく、強い引きを堪能できないイライラが次第に募っていた。

そんな時、「富士川のアユは大きい」という情報が入り、釣友の古澤君とともに富士川の静岡県側、下流部に釣行した。すると22～25㎝の良型が20尾ほど掛かる。しかし、この数日後の新聞には山梨県側では「30㎝オーバーが釣れた」という見出しが掲載されていた。

そこで翌週、9月18日にふたたび古澤君と「右も左も分からぬ上流部のポイント」を目差した。まず、あしざわオトリ店でオトリを2尾ずつ買い、川沿いを車で走った。最初のポイントは飯富橋下。ここでは1尾も釣れず、昼前には数人の釣り人がいた富山橋上流に移動した。

富士川は水量が多く、大水が出ると川相がガラリと変貌する大河。現在（2009）の富山橋周辺は新橋工事の影響もあり、よいポイントは見当たらない。しかし、私が通い始めた数年間は素晴らしい荒瀬が続いていた。そこでまずこの瀬肩のポイントをねらった。タックルは先週、下流部で使った標準的なものだ。

オトリを送り込んだ次の瞬間「コツ」という小さなアタリを感じた。反射的にサオを立てると、急流に乗って力強く一気に荒瀬へ走られてしまった。腰を落とし、サオを岸側に倒して流心から引きずり出そうとするが、このタックルでは全くコントロールできない。磯釣りのターゲットでスプリンターと呼ばれるヒラマサのような尋常ではない引きだ。サオは根元からひん曲がり、イトが悲鳴のような音を出していた。

流れに乗ったアユの力はケタ外れで、私は低い姿勢のまま引きずられるように荒瀬の脇を駆け下った。この時、川原にいた2人の釣り人が私の異変に気づき「焦っちゃダメだよ。落ちついて」と声を掛けて、後をついてきてくれた。

そして、60mほど下って長い瀬の中間にあるタルミにたどり着く。

「これ以上は下らせない。ここで勝負だ」と思い、サオを絞り、流れに戻ろうと抵抗するアユを浅瀬に寄せた。やっとオトリが水面を割り、サオを寝かせ水中イトを手にし、ゆっくりと手繰った。オトリの下には、これまで見たことのない、32㎝はあろうかという巨アユが姿を現わした。その盛り上がった背中の右肩にイカリバリが刺さっているのが確認できた。

「取れるぞ！」と思いタモを伸ばした瞬間、水中イトの緊張が消えてしまった。

「切れたのか？」と思ったが、オトリはついていた。身切れによるバラシであった。後をついてきた2人も巨アユの姿を目撃しており、「今のはデカかった。背掛かりなのになぜバレたんだ」と一

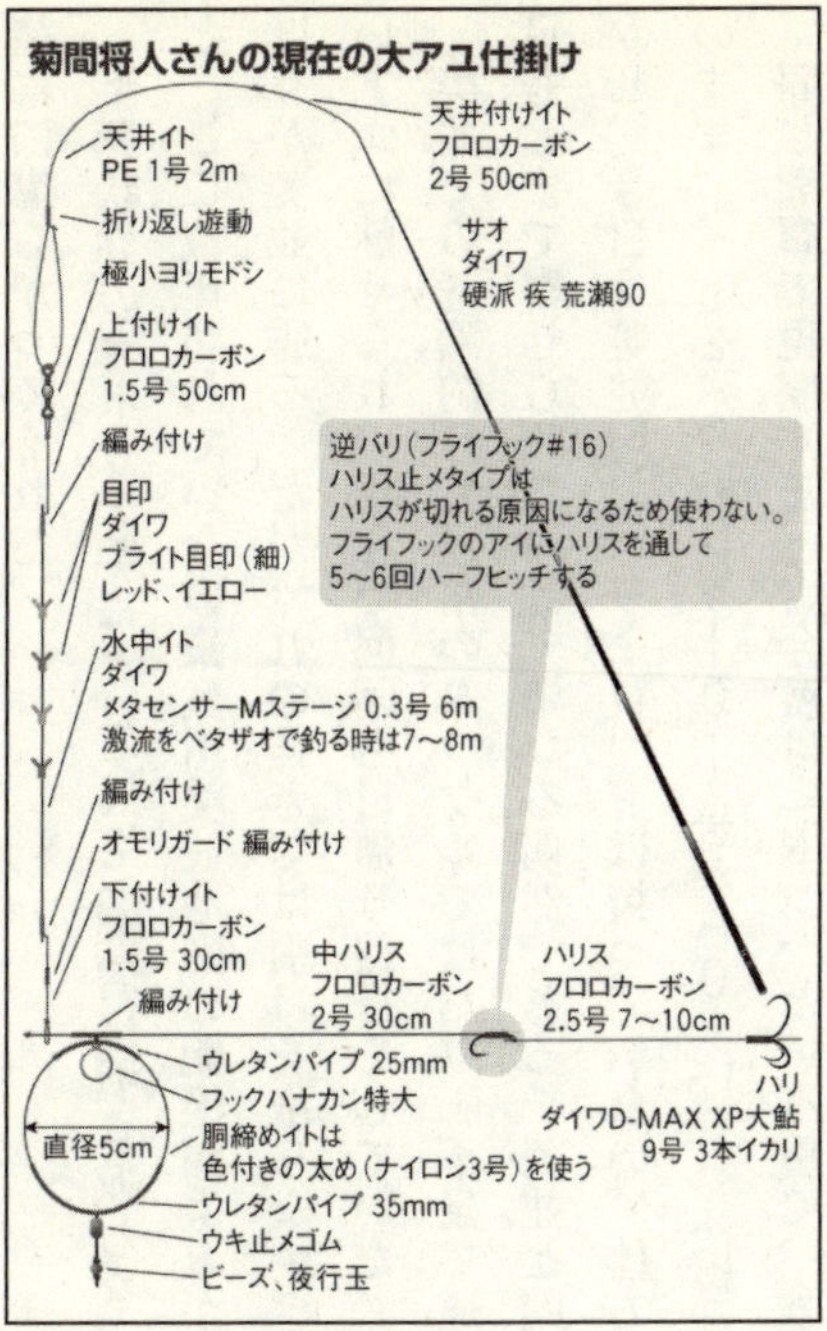
菊間将人さんの現在の大アユ仕掛け
天井イト
PE 1号 2m
天井付けイト
フロロカーボン
2号 50cm
折り返し遊動
サオ
ダイワ
硬派 疾 荒瀬90
極小ヨリモドシ
上付けイト
フロロカーボン
1.5号 50cm
編み付け
逆バリ（フライフック#16）
ハリス止メタイプは
ハリスが切れる原因になるため使わない。
フライフックのアイにハリスを通して
5〜6回ハーフヒッチする
目印
ダイワ
ブライト目印（細）
レッド、イエロー
水中イト
ダイワ
メタセンサーMステージ 0.3号 6m
激流をベタザオで釣る時は7〜8m
編み付け
オモリガード 編み付け
下付けイト
フロロカーボン
1.5号 30cm
編み付け
中ハリス
フロロカーボン
2号 30cm
ハリス
フロロカーボン
2.5号 7〜10cm
ウレタンパイプ 25mm
フックハナカン特大
直径5cm
胴締めイトは
色付きの太め（ナイロン3号）を使う
ハリ
ダイワD-MAX XP大鮎
9号 3本イカリ
ウレタンパイプ 35mm
ウキ止メゴム
ビーズ、夜行玉

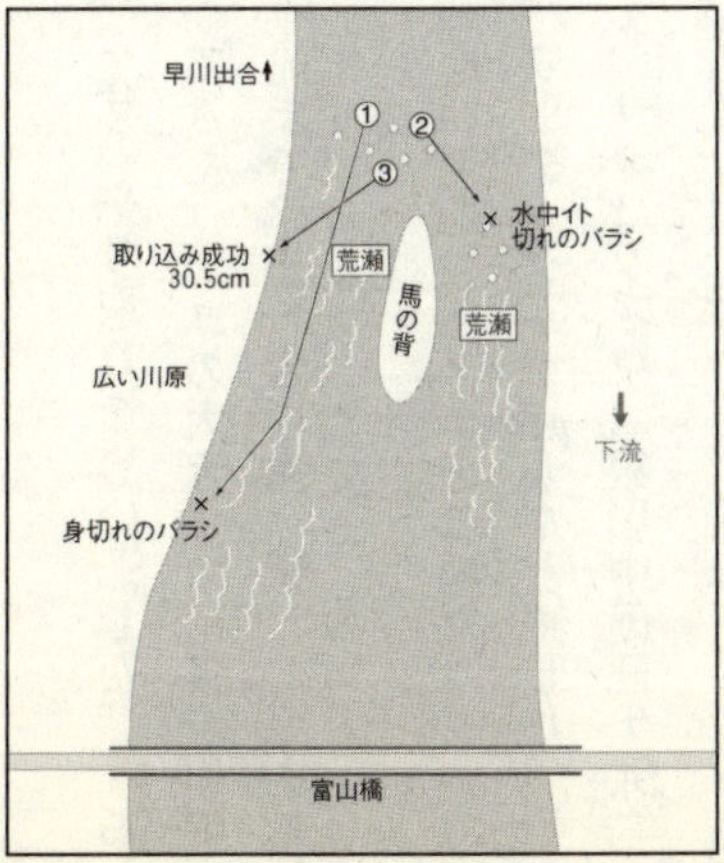
早川出合
①
②
③
水中イト
切れのバラシ
取り込み成功
30.5cm
荒瀬
馬の背
荒瀬
広い川原
下流
身切れのバラシ
富山橋

緒に口惜しがってくれた。

半死状態のオトリを手にとぼとぼと瀬肩に引き返しながら、今のやり取りを思い返した。すると、ここ数年訪れていない長良川美並地区の記憶がよみがえってきた。アユの大きさでは富士川のほうが美並に勝る。だが流れの強さでは引けを取らない。数年前まで、その清く強い瀬とたくましいアユに魅せられ、単身で何回も日帰り釣行をしていた。

美並での荒瀬釣りも通常のタックルではパワー不足で通用しない。あの巨アユをこのタックルで足もとまで寄せられたのは、単なる偶然である。美並と同じパワータックルが必要だと感じた。しかし、今日は美並用のパワーロッドは持っていない。仕方なく、サオはダイワ『銀影中硬硬T90』のまま、イトをメタセンサー0・1号から0・15号の仕掛けに替えた。

同じ瀬肩で再開すると、今度は「ドン」という重く、強烈なアタリとともに対岸下流に一気に走られた。急いで10mほど瀬を下ったが、サオが跳ね返ってしまう。中央付近で切れた仕掛けが風になびいていた……。この流れとアユのサイズにサオもイトもマッチしていない。

「完敗」。これでもう使えるオトリはない。「古ちゃん、もうダメ。帰ろう」と声を掛けると、「僕のオトリはまだ使えるから、やってみれば」という返事。
●原因は――
1回目は背掛かりだったが身切れ。原因はハリが小さすぎたことと思われる。2回目は水中イトの中央付近で切られた。原因はアユの大きさ、流れの強さに対して水中イトが細かった。この日使っていたサオのパワー不足は否めない。今度はメタルラインを0・2号に、ハリを9号に替えた。

●この経験を活かして

今度こそと思い、瀬の波立ちを探っていると「ガツン」とアタリがきた。太イトと大バリに替え、やり取りに余裕が生まれた。サオを思い切って絞り込み、アユに泳がれぬよう強気でやり取りする。やがて10mほど下ったところで、あっけなく浅瀬へ寄せることができた。水中イトをたぐり、慎重にタモですくった。

そこには、でかいアユがいた。30cmは超えているだろう。計測すると30・5cm（320g）あった。「三度目の正直」が実現し、「ほっ」とした瞬間だった。しかし、1尾目にバラしたアユはこれよりはるかに大きかった。あの姿を思い浮かべると残念でならない。

この日は地獄と天国を1日で体験した貴重な釣行になった。オトリを貸してくれた古澤君に感謝した。以来、富士川への釣行を続けているが29cmはたやすく超えても、自己レコードは簡単に超えられない。尺の壁は高く、それ以上ともなればなおさらである。

Episode 21.

静岡県／狩野川

手尻が短い…。

田代篤範

●バラした！

――来た。心臓が跳ね上がった。ギラリと太い鉈《なた》を寝かせたような光が水中に見えた。ゴツンゴツンという手応えがイトを伝わって手に届く。大石にイトが絡んで、その石が水底を転がりながら流れていくような感触だ――大アユは男のロマンである。

17、18年前、大アユを求めて通い詰めたのが狩野川下流の沼津大滝周辺だ。ここでは人生最大の30㎝、２８０ｇを釣りあげている。当時の仕掛けは天井イトがなく、ナイロン０・６号の通し仕掛

昭和32年生まれ。神奈川県小田原市在住。酒匂川STP所属。ホームグラウンドは酒匂川・狩野川。人生最大のアユは狩野川で30㎝。

けに、中ハリス2号をチチワで結んだシンプルなものだった。手尻は1ヒロ前後でサオは硬中硬、軟らかいものだったが、25㎝以上の大アユを釣ってもトラブルが少なかった。

平成19年10月12日、狩野川は松下のガンガン瀬で大アユをねらった。この年はアユの数は少なかったが、大きいのが出ていた。

ガンガン瀬の大石の横を強引に引き上げた時「ガツーン」という大きなアタリがあった。しかし、5、6秒その場を動かない。根掛かり？ と思ったがこのアタリは前にも何度かあった。次の瞬間、私を引きずるようにして野アユが走った。かつて大滝で経験した、大アユとの格闘をはっきり思い出した。サオを立てると瀬の流れに乗って一気に下った。50ｍほど下ってトロ場で寄せに入る。姿が見えた。「でかい、尺はある」、胸が高鳴った。イトを手繰り、距離が縮まる。50㎝くらいまで近づいた時、その魚は最後の力で反転した。「プツン」と、切れたイトの音が聞こえた。付けイトと中ハリスの結び目から切れていた。その場でしばらく動けなくなった。

●原因は――

その時、手尻を取らなかったのが原因と思った。というのも大アユは取り込みが重要だ。基本的には引き寄せと思っている。掛かった場所でしっかりと押え込み止める。サオを立てずにそのまま川底を通して寄せる。その止めと寄せには長手尻が重要だった。

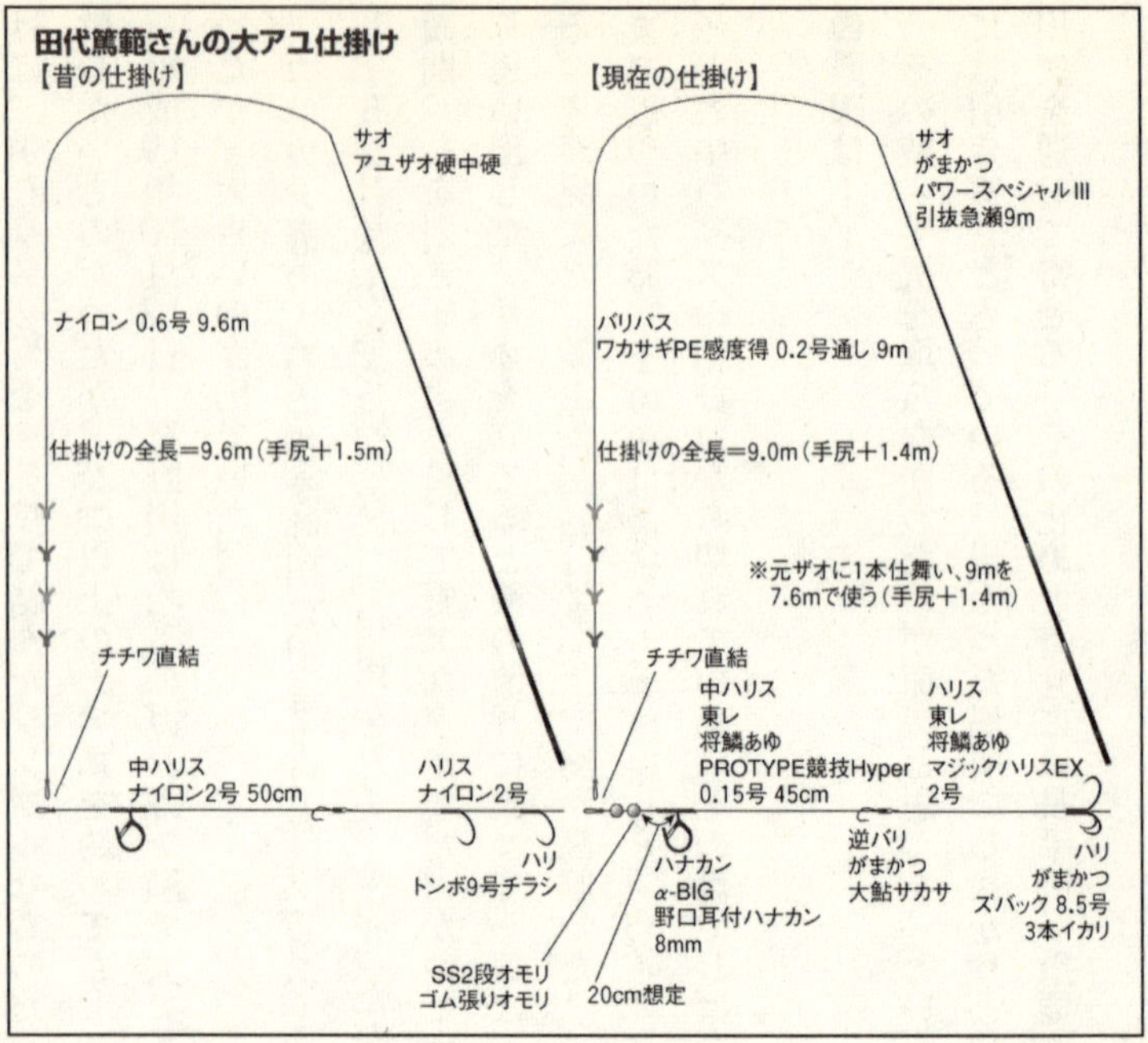

田代篤範さんの大アユ仕掛け
【昔の仕掛け】
サオ
アユザオ硬中硬
ナイロン 0.6号 9.6m
仕掛けの全長＝9.6m（手尻＋1.5m）
チチワ直結
中ハリス
ナイロン2号 50cm
ハリス
ナイロン2号
ハリ
トンボ9号チラシ
【現在の仕掛け】
サオ
がまかつ
パワースペシャルIII
引抜急瀬9m
バリバス
ワカサギPE感度得 0.2号通し 9m
仕掛けの全長＝9.0m（手尻＋1.4m）
※元ザオに1本仕舞い、9mを
7.6mで使う（手尻＋1.4m）
チチワ直結
中ハリス
東レ
将鱗あゆ
PROTYPE競技Hyper
0.15号 45cm
ハリス
東レ
将鱗あゆ
マジックハリスEX
2号
逆バリ
がまかつ
大鮎サカサ
ハリ
がまかつ
ズバック 8.5号
3本イカリ
ハナカン
α-BIG
野口耳付ハナカン
8mm
SS2段オモリ
ゴム張りオモリ
20cm想定

●この経験を活かして

沼津大滝に通っていた頃は4間（7・2m）、4間半（8・1m）のサオに手尻を1・5m取っていた。イトはナイロン0・6号、中ハリスは2号、これをチチワで直結していた。イトの切れる原因の多くは結び目にあると思う。現代の仕掛けは複雑化し、メタルラインや極細ナイロンを使う場合、天井イト、上付けイト、水中イト、下付けイト、中ハリスと4ヵ所の結び目がある。そこで「温故知新」昔の仕掛けを思い起こし、最新の道具で応用はできないものかと考えた。

今の私の仕掛けはPE0・2号を通しで使い、中ハリスの1・5号をチチワで直結している。結び目は2ヵ所とシンプルである。もうひとつ、手尻を長くするために9mザオの元ザオを1本仕舞い、7・6mにする。こうするとおよそ1・5mの手尻が取れ、サオを伸ばしきった状態では手尻がゼロ。

このタックルでのやり取りは長手尻にして大アユの引きを止め、ぐいぐいと寄せる。足もと付近まで来たら元ザオを伸ばし、手尻をゼロにしてイトを持たず、タモですくい取るのである。なお、PEは比重が小さく、大アユが潜む急流をねらうにはオモリが必須アイテムになる。私は2段でオモリを付ける。球形のゴム張りオモリを使っている。オトリより20cm上に大きいオモリを、その1cm下に小さいオモリを付ける。付け方は上2号+下1号、上3号+下1・5号と上オモリに対して下オモリは半分の号数にしている。これは、上の大きいオモリの後ろに渦が発生して下の小さいオモリが軽くなると考えているからだ。同じくらいの重さのオモリを1個付けにするより、軽く引ける。カーレースの世界でいうスリップストリーム現象と同じだ。水圧は空気圧よりはるかに高いため、水中は空気中より大きなアドバンテージを得ることができると思う。

この仕掛けを考え、大バラシのあった同年10月27日にふたたび松下のガンガン瀬へ。この日の仕掛けは投げ釣り用PE0・4号の通しに中ハリス1・5号。バラした時と同じ石の頭にオトリを落とし込むと、いきなり掛かった。大アユ特有のずっしりと重いアタリだ。サオを立てずにしっかり止めて絞り込む。ゆっくりと下りながら、体勢を整える。切れないという自信があり、余裕も生まれる。トロ場に導いて充分に弱ってから元ザオを伸ばし、すくいとった。28・5cm、バラシたアユより小さかったが、立派な大アユだった。

――陽光は明るかったが、川面を吹く風は冷たかった。風の中にはすでに6月の頃のあの匂いはない――。

川に立ち大アユを待つことに楽しみはある。だが、やはりその先の喜びはいいものだ。大アユは絶対に面白い!!

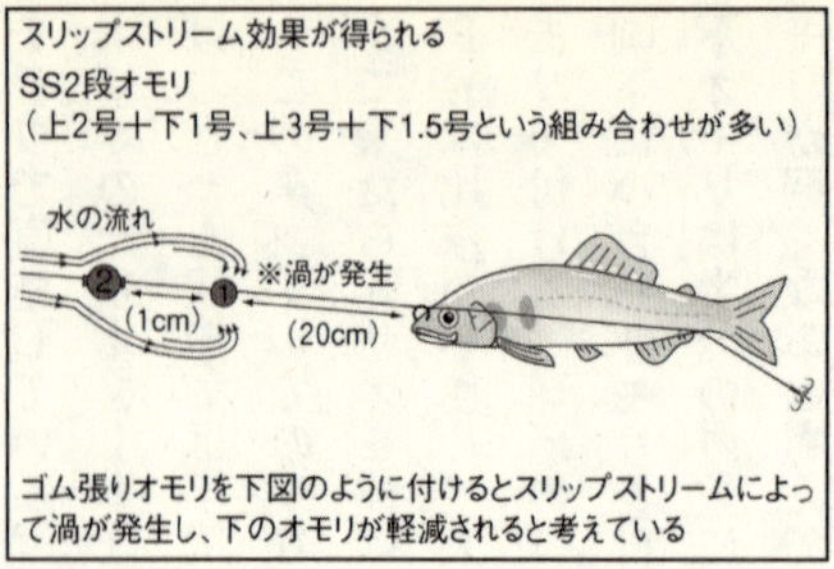
スリップストリーム効果が得られる
SS2段オモリ
(上2号＋下1号、上3号＋下1.5号という組み合わせが多い)
水の流れ
※渦が発生
(1cm)
(20cm)

ゴム張りオモリを下図のように付けるとスリップストリームによって渦が発生し、下のオモリが軽減されると考えている

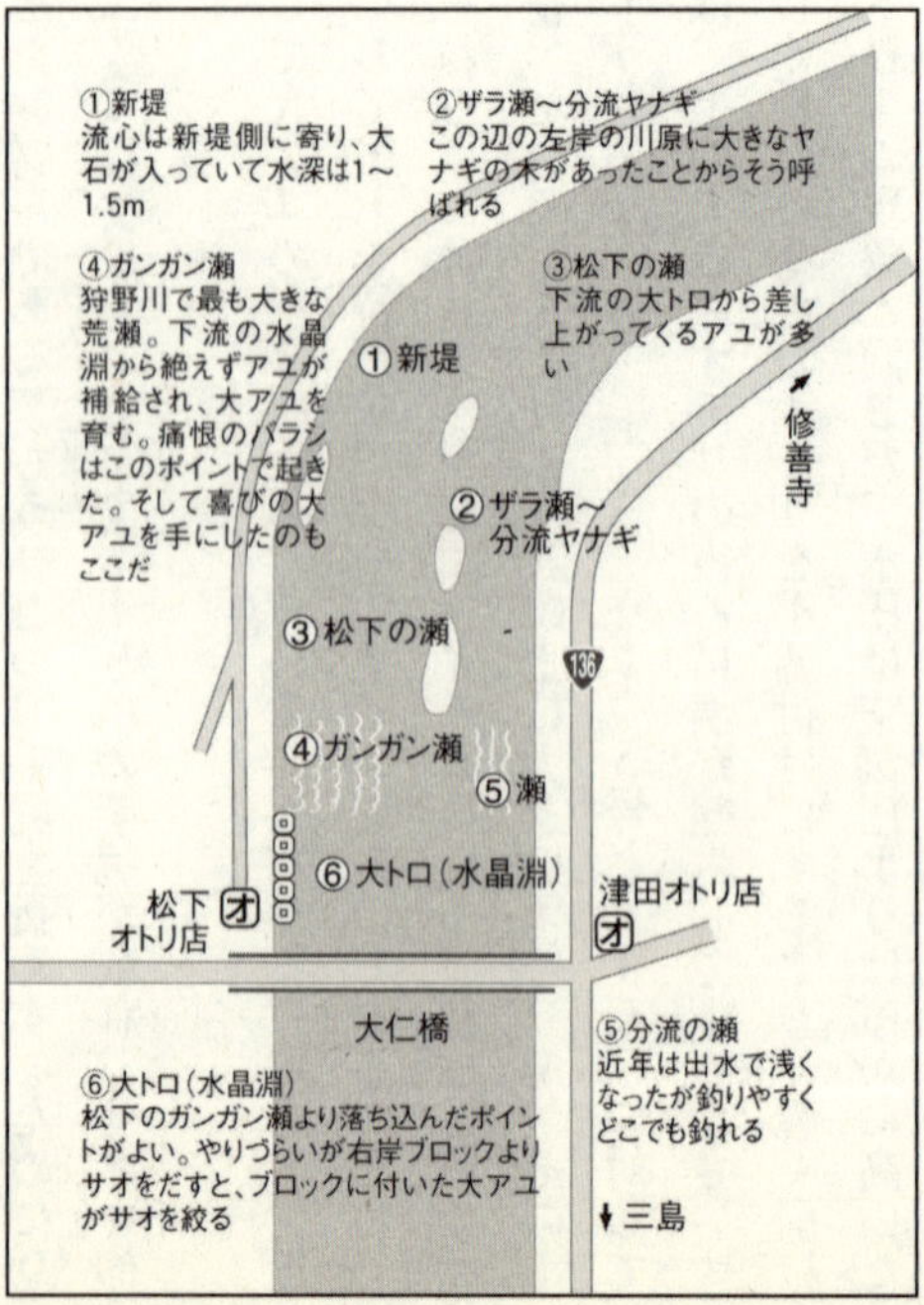
①新堤
流心は新堤側に寄り、大石が入っていて水深は1〜1.5m
②ザラ瀬〜分流ヤナギ
この辺の左岸の川原に大きなヤナギの木があったことからそう呼ばれる
④ガンガン瀬
狩野川で最も大きな荒瀬。下流の水晶淵から絶えずアユが補給され、大アユを育む。痛恨のバラシはこのポイントで起きた。そして喜びの大アユを手にしたのもここだ
③松下の瀬
下流の大トロから差し上がってくるアユが多い
①新堤
修善寺
②ザラ瀬〜分流ヤナギ
③松下の瀬
136
④ガンガン瀬
⑤瀬
⑥大トロ(水晶淵)
松下オトリ店
津田オトリ店
大仁橋
⑤分流の瀬
近年は出水で浅くなったが釣りやすくどこでも釣れる
⑥大トロ(水晶淵)
松下のガンガン瀬より落ち込んだポイントがよい。やりづらいが右岸ブロックよりサオをだすと、ブロックに付いた大アユがサオを絞る
三島

Episode 22.

静岡県／天竜川（宮崎県／五ヶ瀬川）

手前に突進…。

高塚靖弘

昭和31年生まれ。静岡県浜松市在住。ホームグラウンドは天竜川。人生最大のアユは天竜川で320g（長寸は未測定）。

●バラした！

尺アユは今も昔も一生に一度は手にしたい羨望《せんぼう》の的である。私も過去半世紀近い釣り人生の中で、何度となく大アユと渡り合い、泣いて笑った。それらすべてを鮮明に記憶していることが大アユの魅力の大きさを物語っているといえる。

地元天竜川でも大アユが育つ地域があって（現在は流水がバイパスされ減水区となり大アユポイントは消滅している）、9月になると毎年足繁く通ったポイントがあった。その場所は、現在の浜松市天竜区佐久間町で、このポイントでは何百尾もの大アユをタモに収めている。

そのなかでも鮮明に記憶している釣果として、20cmクラスのアユなら250尾入るクーラーボックスが52尾で満杯になった夢のような逸話もある。この時釣れたアユの中で最小だったものでも195gあって、釣果のほとんどが250g、27cmオーバーだった。

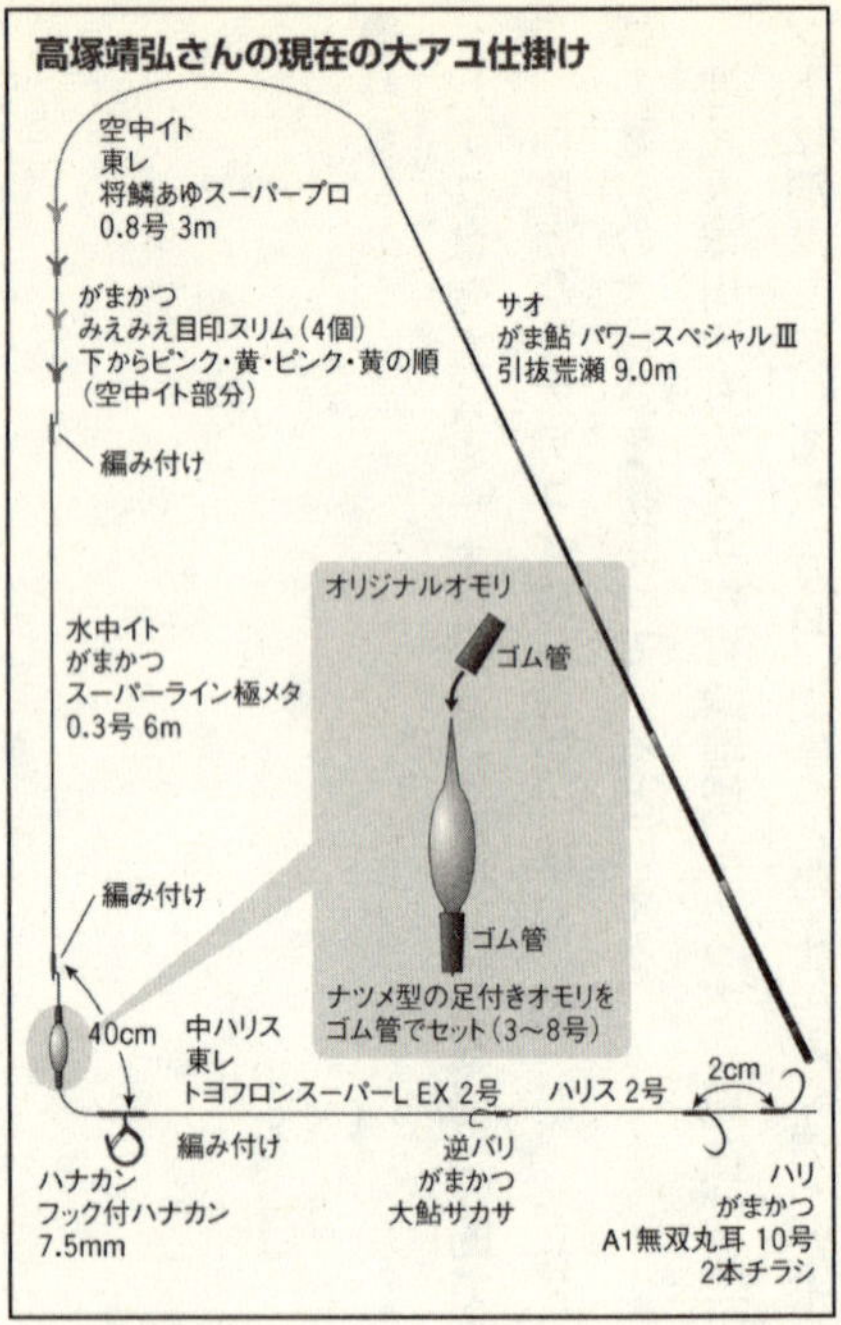
高塚靖弘さんの現在の大アユ仕掛け
空中イト
東レ
将鱗あゆスーパープロ
0.8号 3m
がまかつ
みえみえ目印スリム（4個）
下からピンク・黄・ピンク・黄の順
（空中イト部分）
サオ
がま鮎 パワースペシャルⅢ
引抜荒瀬 9.0m
編み付け
オリジナルオモリ
ゴム管
水中イト
がまかつ
スーパーライン極メタ
0.3号 6m
編み付け
ゴム管
ナツメ型の足付きオモリを
ゴム管でセット（3〜8号）
40cm
中ハリス
東レ
トヨフロンスーパーL EX 2号
ハリス 2号
2cm
編み付け
ハナカン
フック付ハナカン
7.5mm
逆バリ
がまかつ
大鮎サカサ
ハリ
がまかつ
A1無双丸耳 10号
2本チラシ

釣り人生、よいことばかりでは終わらない。天国があれば必ず地獄もある。

話は古くなるが、20年ほど前に宣伝ビデオの収録で九州の五ヶ瀬川へ。朝から大アユの入れ掛かりとなり、28・5cmまでのアユを25尾取ったところで早々と撮影を完了。地元の案内人から、その日のポイントであった「蔵田の奥の瀬」にはもっと大きなのが潜んでいることを知らされ、再度サオをだした。

五ヶ瀬川ではオトリごろといえる25~26cmのアユにハナカンを通し、レクチャーされた石裏へオトリを送り込む。すると、それを待っていたかのごとく一瞬で追ってきた。コツと手元に当たった。しかし、一瞬で目印が視界から消え、サオ先のテンションもまったくなくなり、何が起こったのか目を白黒させてしまった。

少し時間を置いて正気に戻ると、目印が目の前で風にヒラヒラとなびいていた。しかもオトリアユは足もとで面食らったように横たわっているではないか。

その大アユは掛かった瞬間に下流や沖、上流へ抵抗するのではなく、なんと釣り人の足もとへ突っ込みハリを外していたのである。この時、尋常でない大アユは、普通のアユとは違う知恵や頭脳を持ち得ていると確信した。

●原因は――

私の釣り人生では最も記憶に残る大バラシだったが、この瞬時の経験がそれからの大アユ釣りにいくつものヒントを教えてくれていた。

最初に感じたことは、大アユが掛かることを常に意識し、ハリ掛かり後絶対にイトを緩めることのないよう目印に集中する。次に、大アユが掛かったら取り込む方法（サオの角度等）を事前に意識し、さらに取り込む位置まで計算しておく。最後にタックルを含め、ねらいを大アユ一本に絞り、掛けたら絶対取り込む意識も忘れてはならない。

●この経験を活かして

前回の教訓が実を結ぶ時がきた。場所は五ヶ瀬川、リベンジには絶好の河川といえる。

平成13年8月中旬、名手への登竜門として知られる「がまかつチャレンジ鮎」の役員としてふたたび五ヶ瀬川に立つ。競技会前日に五ヶ瀬川入りし、予定どおりサオをだすことになったが、主要

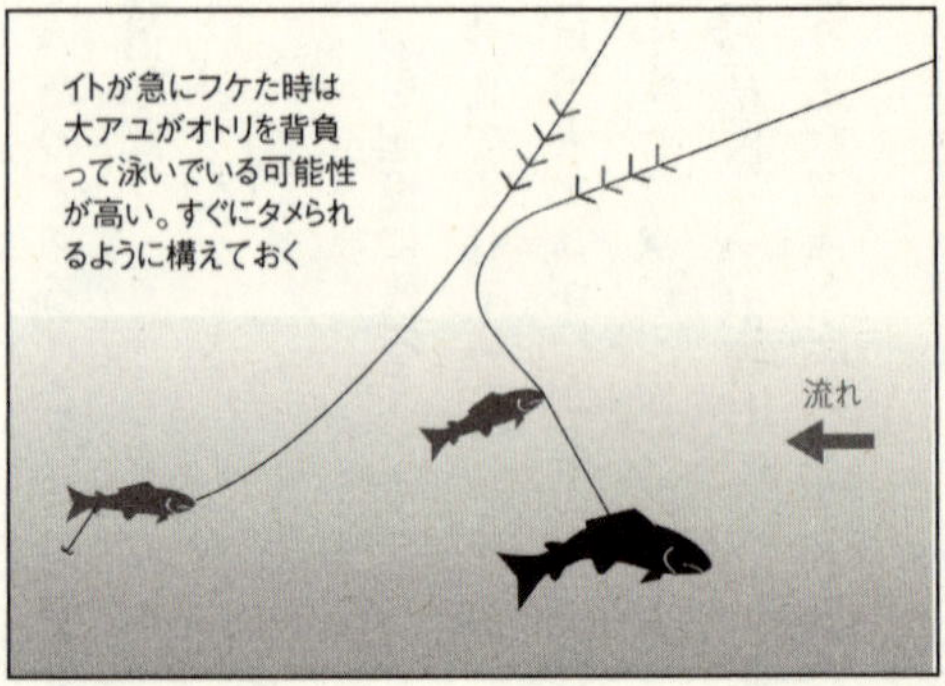
イトが急にフケた時は
大アユがオトリを背負
って泳いでいる可能性
が高い。すぐにタメられ
るように構えておく
流れ

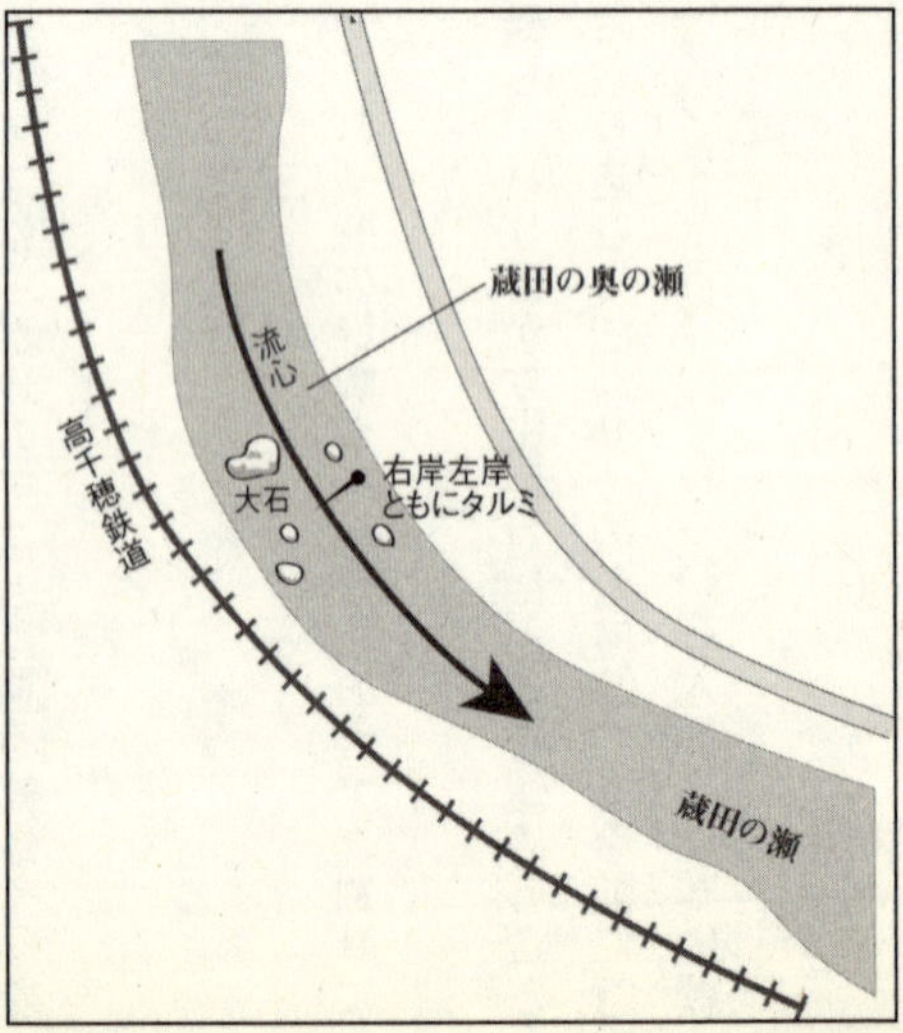
蔵田の奥の瀬
流心
右岸左岸
ともにタルミ
大石
高千穂鉄道
蔵田の瀬

なポイントはほとんど試合会場となっていてポイント選びにまずは苦慮した。しかし、五ヶ瀬川で最も有名な「カンバの瀬」のひとつ下流の「大瀬」が、駐車場がない関係から試合会場から漏れていた。大瀬は、カンバと並んで大アユ処として、知る人ぞ知る大アユ一級ポイント、迷わず入川することにした。

同行者が釣り支度をしている間に、大瀬でも最も大アユの確率の高い瀬頭に陣取る。瀬頭の波立ちにオトリアユを送り込むと一発の追い、幸先よく28㎝がタモに収まる。掛かりアユをオトリにしてさらに一歩踏み込み、ポイントへオトリアユを沈める。ここでも一発の追い、コツッと当たった後瞬時にイトがフケる。何年か前の大バラシが一瞬脳裏をかすめるも、そこは予習ずみ、瞬時にサオを絞り込む。

すると掛かりアユは、オトリアユを引きずって上流の大淵へ逃げ込む。上流に向いてサオをためる私の姿を見ていた釣友から、「五ヶ瀬川に来て泳がせ釣りをするんですか」と冷やかされるが、無事に泣き尺ではあったが29㎝の大アユ（民宿ではこの夏一番の大ものだといっていた）を取ることができた。これも以前の大バラシの経験が存分に活かされた結果といえる。

Episode 23.

下れない…。

岐阜県／益田川

今井加津三

昭和34年生まれ。岐阜県下呂市在住。ホームグラウンドは益田川。人生最大のアユは小矢部川で30.5cm。

●バラした！

大アユとの出会いは20年ほど前になる。当時の僕は、益田川の解禁と同時に川漁師をしていた。懇意にしているオトリ屋に頼まれ、親アユとなるサイズのアユを中心に追いかけていた。ノルマを消化しながら、いつしか大アユが釣りたくなった。その当時、益田の川漁師の第一人者といわれていた酒井名人に大もの釣りのポイント、釣り方、仕掛けを伝授してもらった。話を聞いてみると、今の自分の考えが180度ひっくりかえった。サオ、仕掛け、ハリ、オモリ、ポイント、釣り方、寄せ方など、大アユというだけでこうも違うものなのかと圧倒され、少しは自信を持っていた自分が情けなくなった。

仕掛けで特に変わったのは手尻。「50㎝から80㎝は取らんとあかん」と言われた。今までは引き抜きで勝負してきたため、寄せてタモに入れる昔ながらのアユ釣りに抵抗を持っていたが、大きな間違いだった。やはり大アユがハリに掛かれば、後はやり取り。じっくり寄せてタモに入れることが大切と教えていただいた。

平成3年8月3日、益田川焼石地内の軍艦岩の裏。国道右岸から入り、大岩ばかりある水深2・5mくらいの深場をねらった。こういった流れは多くの人が躊躇《ちゅうちょ》する。だからこそオトリを底に入れられれば、大きく育ったナワバリ意識の強いのが反応しやすい。

深場にオトリを沈めるのはむずかしい。僕の場合、ベタザオで引きすぎず、緩めすぎず、オトリの泳ぎを感じながら操作する。サオがブレ、少しでも操作が雑になるとエビになりやすい。だからたまに強く引いてもかまわないが、すぐに穂先を戻してやることが重要だ。基本は泳がせ釣りのテクニックと一緒、オバセを適度にくれながら底付近を泳がせる。

昼までに平均25㎝ほどある海産アユを30尾ほど釣る。昼食をとりながら休憩し、3時過ぎにもう一度川に入った。昼前に入ったポイントより少し下流、落ち込み上のポイントからサオをだした。すると、いきなり「ズン」というアタリがきた。オトリが引きずられながらサオ1本分上流に持っていかれた。なにせ岩の上で掛けたので身動きができず、サオのしなりだけで持ちこたえていた

下れない…。

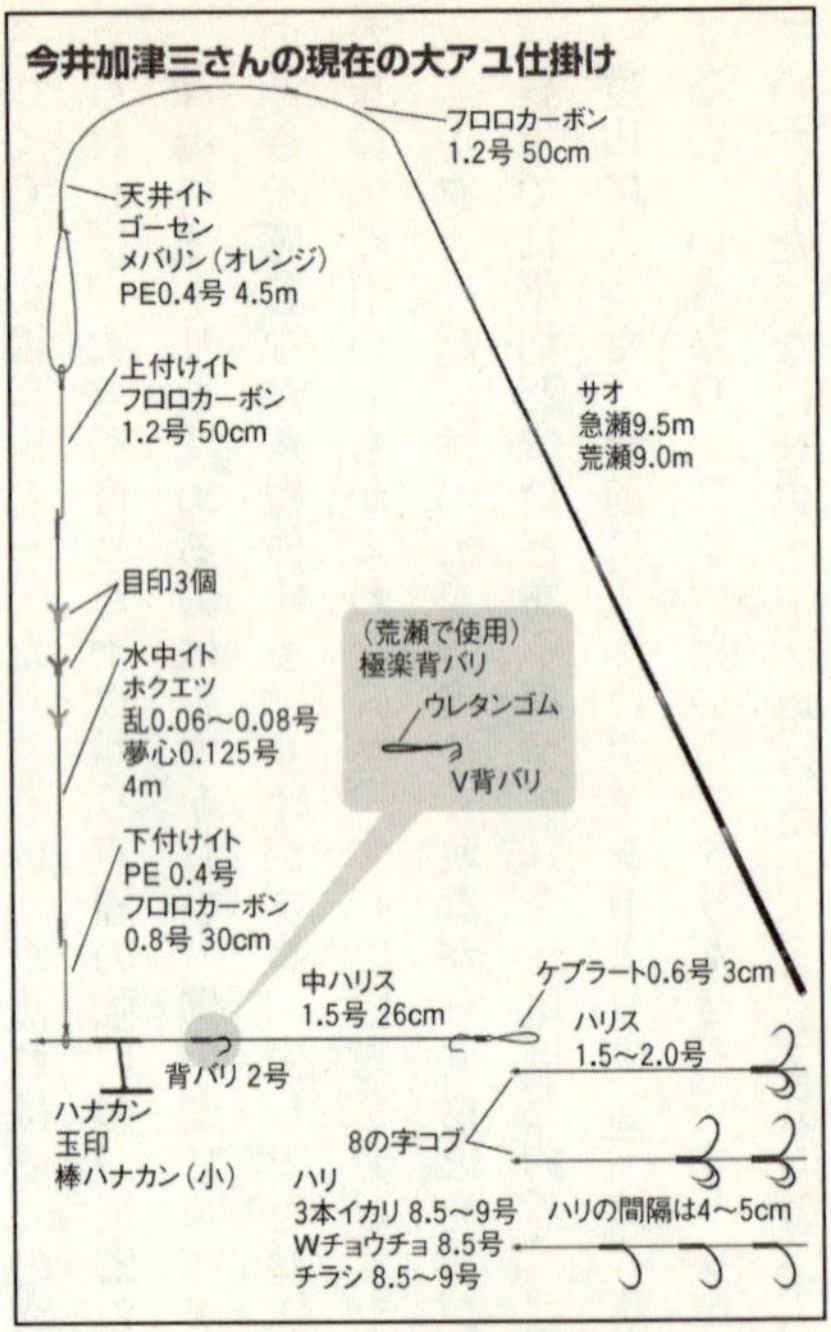
今井加津三さんの現在の大アユ仕掛け
フロロカーボン
1.2号 50cm
天井イト
ゴーセン
メバリン（オレンジ）
PE0.4号 4.5m
上付けイト
フロロカーボン
1.2号 50cm
サオ
急瀬9.5m
荒瀬9.0m
目印3個
（荒瀬で使用）
極楽背バリ
ウレタンゴム
V背バリ
水中イト
ホクエツ
乱0.06〜0.08号
夢心0.125号
4m
下付けイト
PE 0.4号
フロロカーボン
0.8号 30cm
中ハリス
1.5号 26cm
ケブラート0.6号 3cm
ハリス
1.5〜2.0号
背バリ 2号
ハナカン
玉印
棒ハナカン（小）
8の字コブ
ハリ
3本イカリ 8.5〜9号
Wチョウチョ 8.5号
チラシ 8.5〜9号
ハリの間隔は4〜5cm

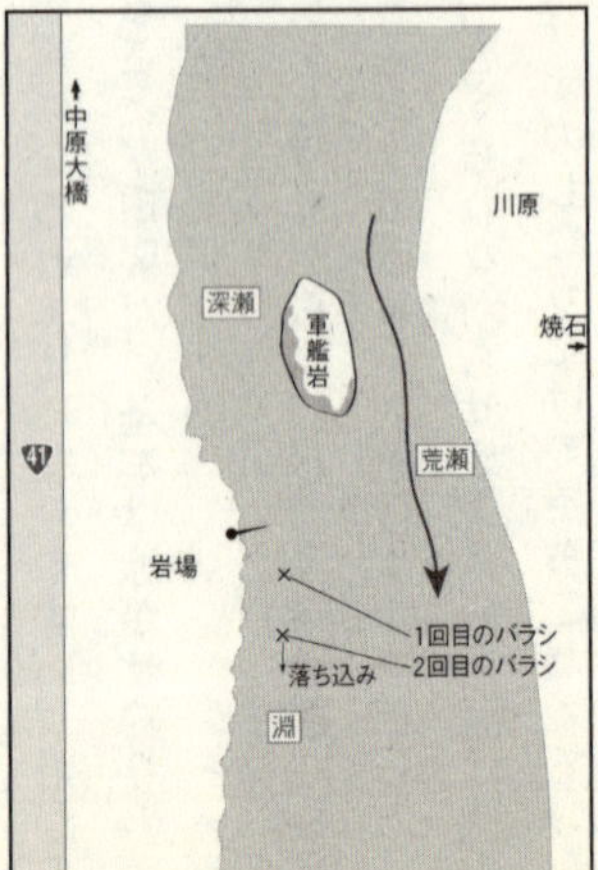
中原大橋
川原
深瀬
軍艦岩
焼石
41
荒瀬
岩場
1回目のバラシ
2回目のバラシ
落ち込み
淵

が、やがて、1・5号ハリスが切られてしまった。姿は見えなかったが、今まで体感したことのない引きだった。

二度とやられまいと思い、ハリスを2号、ハリは8・5号の3本イカリでリベンジする。前より少し下流、落ち込みに近いポイントにオトリを沈めた。岩盤底なので底流れが速くオトリが入りにくい。オモリ2・5号を付けて沈めた。するとすぐにアタリがきた。下流へ一気に引っ張られる。パワフルな引きにまたもや付いていけず、下付けイト0・6号から切れてしまった。いわゆる「親

益田川には奇岩怪石が連なる。大淵も点々とあり、その上にある急流はサオが抜ける好ポイント

子ドンブリ」である。情けなくて手が震えた。

●原因は——

オトリを入れにくい岩盤帯の淵と急流。だからこそサオが抜け、大ものが育つ。そしてこの時も僕のサオを絞り込んだともいえるのだが、取り込み位置を考慮していないとやはり取れない。特に一発目のバラシは立ち位置が限定される岩の上というのが敗因だった。益田川にはこういうポイントが多い。それでも取り込み場所を充分に考慮し、そこに導くようにやり取りする必要がある。ゆっくり、じっくりと、どこに走るか見極めてサオを絞るのが肝要と思う。そして、仕掛けは太くてかまわないから強度を最優先して選ぶべきだ。

●この経験を活かして

その日も気を取り直して仕掛けを替える。今度は下付けイトに0・8号を張った。中ハリスは1・5号、ハリスは2号。再度オモリを付けオトリを沈めた。さっきより少し奥のポイントに移動した途端アタリが来て、今度は向かい側の深みに走られた。流れが緩いため、のされずに止めることができた。あとは寄せるだけ。ところが水深のあるポイントなのでなかなか浮いてこない。2〜3分やり取りをして、とうとう寄せることができた。釣れたアユはやはり大もの。29・5㎝あった。このサイズを釣ったのは初めてでびっくりした。それでも、思い返せば立ち位置が限定され取れなかった最初の魚はさらに大ものだったに違いない。今でも悔やまれる。

その後何年も大アユと呼べるような魚に巡り合えなかったが、平成12年8月の終わり、富山県小矢部川で30・5㎝と、30・3㎝を同日に掛けた。そこはダイナミックな益田川とは趣がまるで異なる小砂利底の浅瀬なのだ。それでも、2尾ともに驚くほどの疾走をみせ、僕自身も引きずられるように100m近く付いていった。益田川のバラシの経験が活きたのか、落ち着いてやり取りすることができたのだった。

Episode 24.

岐阜県／益田川

イトが見えない…。

中島清弘

昭和34年生まれ。岐阜県下呂市在住。ホームグラウンドは益田川。人生最大のアユは益田川で29.3㎝。

●バラした！

さて、今回のタイトル「逃した魚は大きかった…」の思い出は……毎度のことなので、どれが一番悔しかったか迷ってしまうくらいたくさんある。すぐに忘れてしまう性格のため、毎回同じことの繰り返しだ。それでも絶対に忘れられない心底悔しい思い出がひとつある。

平成19年9月8日のバラシだ。日常生活はズボラだが、なぜかアユ釣り日記だけは毎回つけている。すぐに月日も思い出せた。場所は、益田川の中山七里上流。竹原川との合流点から200m下

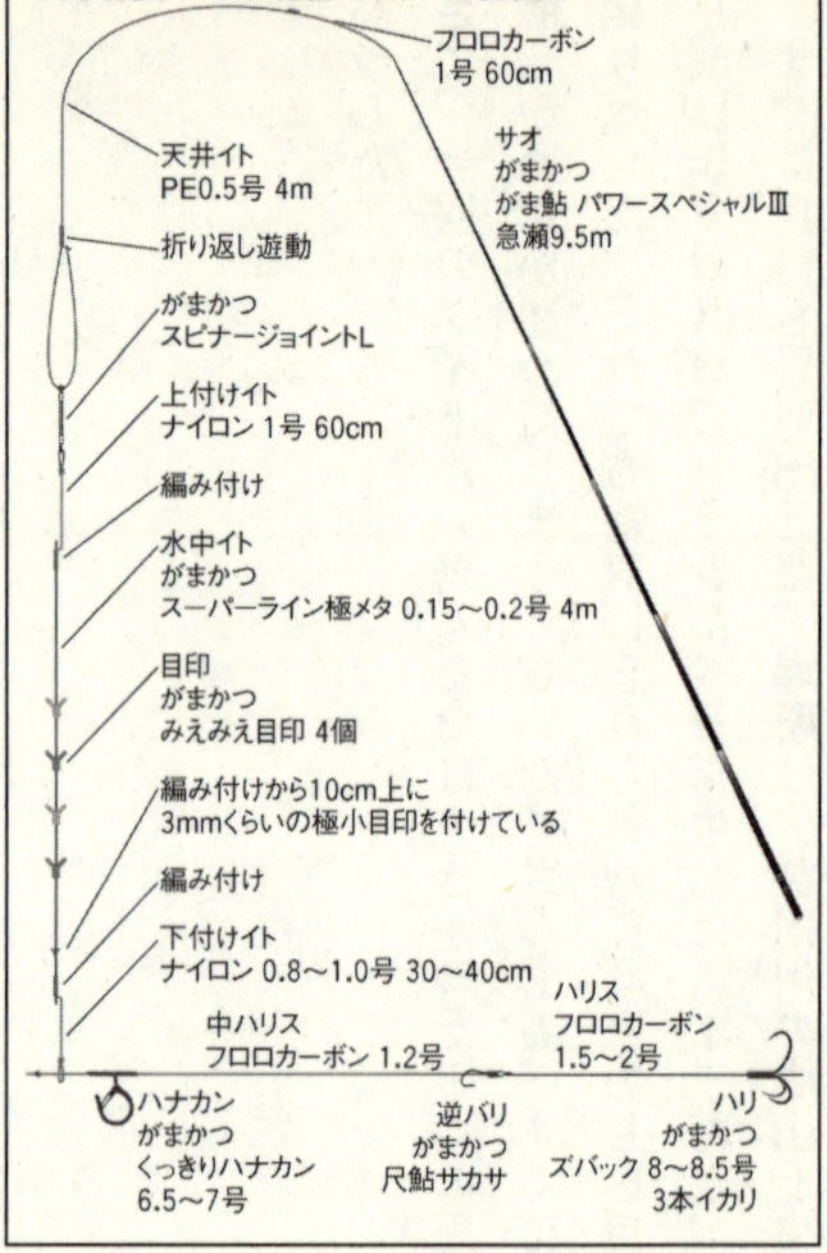
フロロカーボン
1号 60cm
サオ
がまかつ
がま鮎 パワースペシャルⅢ
急瀬9.5m
天井イト
PE0.5号 4m
折り返し遊動
がまかつ
スピナージョイントL
上付けイト
ナイロン 1号 60cm
編み付け
水中イト
がまかつ
スーパーライン極メタ 0.15～0.2号 4m
目印
がまかつ
みえみえ目印 4個
編み付けから10cm上に
3mmくらいの極小目印を付けている
編み付け
下付けイト
ナイロン 0.8～1.0号 30～40cm
中ハリス
フロロカーボン 1.2号
ハリス
フロロカーボン
1.5～2号
ハナカン
がまかつ
くっきりハナカン
6.5～7号
逆バリ
がまかつ
尺鮎サカサ
ハリ
がまかつ
ズバック 8～8.5号
3本イカリ
中島清弘さんの現在の大アユ仕掛け

流域には、大岩が点在し、深みのある段々瀬が続く。水量も多く変化に富んだ川相をしている。

その日は朝からの釣りだった。別の場所で午前中に22～27㎝を6尾、午後からはこの場所に移動して4尾追加した。シーズン終盤ということもあってあまり数が伸びなかった。16時頃、そろそろサオを納めようと思っていた矢先、なんの前触れもなく、ひったくるようにサオが下流に持っていかれた。私も慌てて下り、高切れ寸前のところをなんとか瀬のタルミに誘導した。

ここから寄せで取り込もうと思ったところまではよかったが、西日がちょうど逆光となり、水面はギラギラと反射していた。あまりにイトが見えにくく、掛かりアユを見失ってオロオロしているとふたたび瀬に走られた。流れに乗ったら今度こそアウト、パニック状態になり、強引に抜こうとした。2尾のアユが水面に上がると、今まで見た中でも特に大きな魚が背掛かりしていた。しかし、次の瞬間に身切れ。ヘロヘロになったオトリのみがポーンと空しく宙を舞った。普段なら、「またやってしまった」と思うだけで悔やまない。しかし、掛かりアユが水平になった状態であがり、その姿がしっかり見えた。2年たった今も水面を割った巨体が目に浮かぶ。バラした後は、その場に5分ほど立ちすくみ、呆然と川を眺めていた。

●原因は――

ひと言でいうと「技量不足」。言い訳は、深場をねらっていたため目印の位置をかなり上に設定しており、手前に寄せた際に西日の反射と重なりイトを見失ってしまったこと。普段ならばオトリアユの頭を水面に出し、位置を確認できた。しかし、背掛かりで重量があったため、なかなか水面に頭を出さなかった。そして、なにより「このポイントでは大アユは釣れない」と勝手に思い込み油断していた。掛かった時に下流に走られ、対応が遅れたことが挙げられる。以上が私なり考えた反省点だ。こんな下手な釣りをしているのは私だけだろうか。

●この経験を活かして

どんな水深でもイトを見失わないように、金属イトと下付けイトの編み付け部より10㎝くらい上に約3㎜の極小目印を付けるようにした。これで、逆光時に引き寄せる際もイトを見失うことはなくなった。

数々の失敗を繰り返すなかで私なりに考え実践している大アユ釣りを簡単に紹介したい。

まずは仕掛けについて。私のホームグラウンド・益田川は、大岩が多く、下流に走られるとついて下ることが難しい。最悪の場合、強引に引き抜く必要があり、仕掛けはシンプルな太仕掛けが好ましい。アユは25㎝以上になると重量もあり、イトの太さはあまり関係ないようだ。終盤になると数釣りも期待できなくなる。確実に1尾のアユを確保することが循環を保つうえで重要だ。

2番目はポイントについて。やはり深みのある荒瀬の流心が一番のポイントになる。私が釣ったなかでは、荒瀬にある大岩の石裏のヨレや、瀬頭の白泡のなかにも大アユが潜んでいる。オトリが弱った時や、最初のオトリ確保には好ポイントだ。

3番目はアタリについて。益田川の大アユのアタリは手もとに「ガツン」とくるような感触ではなく、どちらかというと「ドン」と重量感のあるアタリが多い。イトをたるませていると、アタリに気づかないことがある。オトリが急に上流へのぼる、群アユにつくような動きをした時は、掛かっている確率が高い。一度サオを立ててみるとよい。また、ハリス切れに気がつかないで釣っている場合もある。たまにハリスの確認を行なうのを忘れないでほしい。

最後に取り込みについて。掛かったらまず流心から外す。手前に誘導し、寄せで取り込むようにしたい。慌てない秘訣はサオをだす前に、掛かったらどこへ誘導し、どこで取り込むか。前もって考えておくと、急なアタリにも慌てることなく対応できる。

私も失敗を繰り返しながら、平成20年9月7日に、所属する「フィッシュハンター志麻」のクラ

深瀬をねらい、逆光が川面を照らしている。目印をかなり上に付けていた私はイトの位置を見失った

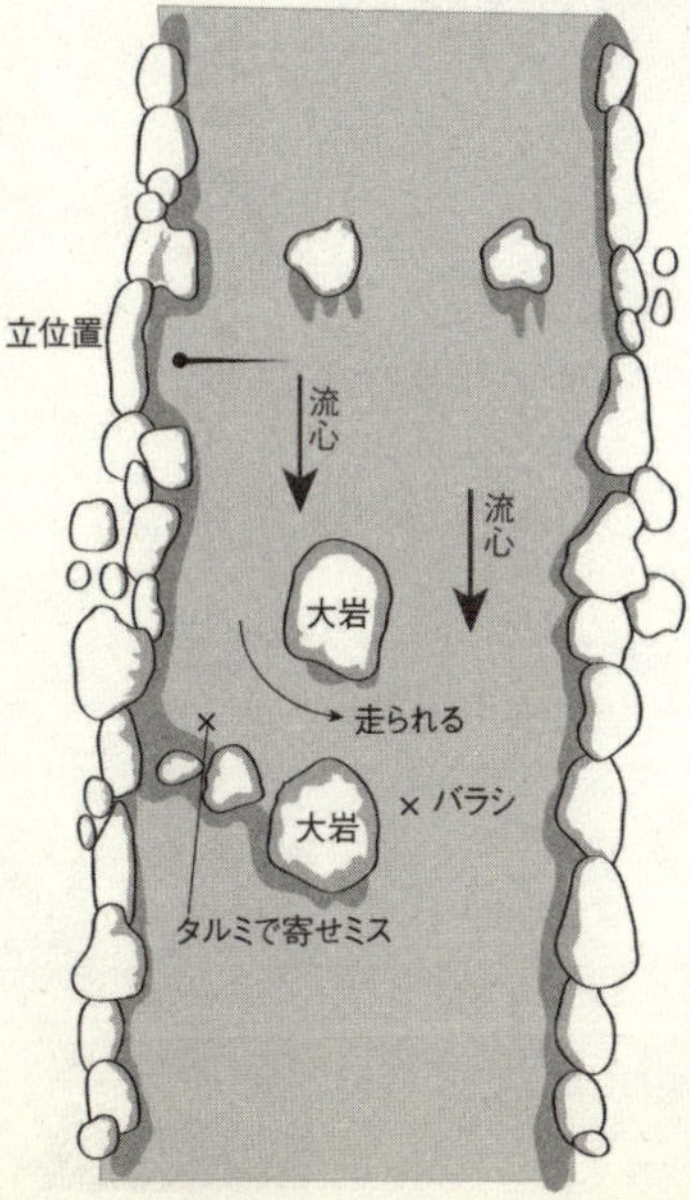
立位置
流心
流心
大岩
走られる
大岩
× バラシ
タルミで寄せミス

ブ大会で28㎝の大アユを釣りあげ、みごと大物賞を手にすることができた。

「逃がした魚は大きかった」ではなく「大きいから逃げた」と考えるべきで、大アユ釣りにはどうしてもリスクはついてまわる。それを恐れずに、どんどん大アユ釣りに挑戦してほしい。

Episode 25.

高知県／吉野川

サオを早く立てすぎた…。

内山顕一

昭和31年生まれ。高知県高知市在住。ホームグラウンドは仁淀川、四万十川、物部川。人生最大のアユは吉野川で30.5cm。

●バラした！

私の大もの釣りのこだわりは20年前、四国三郎と異名を持つ吉野川の「シミズの瀬」から始まった。3回釣行し、釣れたアユは10尾だが、持ち帰ったアユは2尾と散々な結果に終わった。釣れる魚はすべて27cm以上の大アユばかり。だが、とても私の腕では数が増えるような生やさしい場所ではなかった。悔しさと気落ちでボロボロになりながら帰路につき、「必ず30cm＋30cmを引き抜きで取り込んでやる」と心に誓った。やがてサオが飛躍的に進化し、イトも強くなり、体力も技術もそれなりに備わってきて、夢がかなう日は近付いていた。

平成18年の四万十川はアユが極端に少なく、解禁以降全く誰もサオをだしていなかったが、9月に入るとようすが変わってきた。25～27㎝が20、30尾と掛かり出し、28、29㎝とサイズアップし、30㎝が実現するのも時間の問題となっていた。

釣り場は四万十市、西土佐と四万十町、十川の堺にある大アユポイント「村境の瀬」。25～26㎝がコンスタントに掛かり、数も十数尾を超え7・5Lの引き舟が満杯となってきたので一度あがろうと思い、サオを立てようとした瞬間にゴリっという感触でオトリが動かなくなった。大ものである。絞り込みがきつい流れだが、ぴたっと動かない野アユ。イトはダイワ『メタコンポ』0・15号。どんなに引っ張っても切れるはずがない。中ハリスも1・5号で付けイトは0・8号の大仕掛けだ。サオはダイワ『メガトルク』急瀬9・5m。無理をすれば尺でも抜けると思い、途中まで立てていたサオを一気に持ち上げ抜きの体制に入ろうとしたが、アユは底から全く浮く気配がなかった。しばらくすると、急流に乗って絞り込みを一気に下った。サオはアメのように手元から曲がったまま、下ザオになり、付けイトが悲鳴を上げ、ブツン！　切れてしまった。

●原因は――
足場は岩盤で思うように付いて下れないうえ、絞り込みは30mもあり途中でアユが止まる場所がない。なす術がないとはこのことかと思ったが、大きな過ちを犯していることに気がついた。それはサオを早く立てたため、アユに下がる余裕を与えてしまったことである。アユが底にいる状態で流れに乗って走られないように、サオをしっかりとタメる必要があった。

●この経験を活かして

流れに乗って走らないように上ザオで引きを受け止めれば、大アユとはいえ勝手に浮いてくる。それからサオを立てても遅くはないのだ。アユは水面に引っ張り上げようとすると底へ潜ろうとするので浮くのに時間がかかるが、流れに対して平行に上流へ引けば、水面までわりと楽に浮いてくる。もともと流れの底で止まらないようなアユならば、流れに乗ったら止められない。別の対応を考えることになる。さらにいえば、流れの中でサオを早く立てすぎると、オトリも下流に泳ぎ出す。2尾が流れに乗って泳ぎだしたら余計に止めることが難しくなる。極力オトリは上流に向かせたまま取り込むことが重要だ。

内山顕一さんの現在の大アユ仕掛け

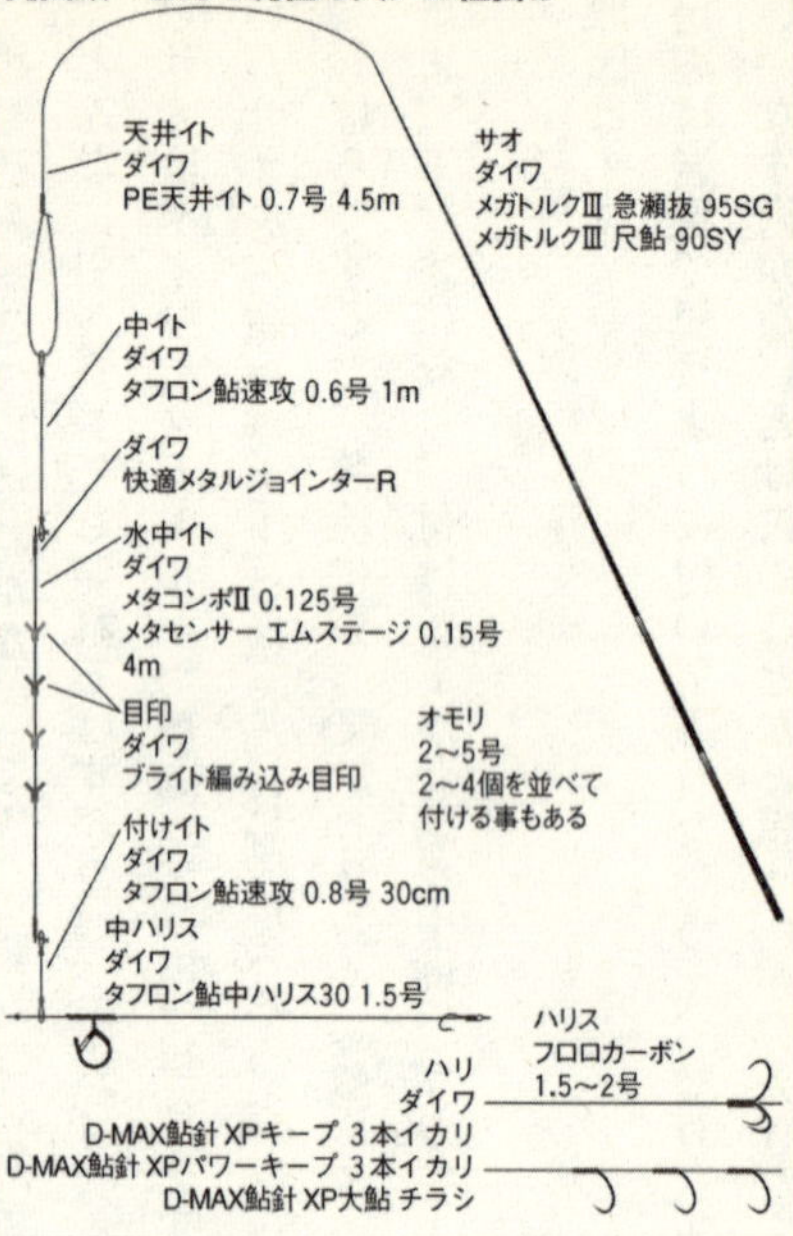
天井イト
ダイワ
PE天井イト 0.7号 4.5m
サオ
ダイワ
メガトルクⅢ 急瀬抜 95SG
メガトルクⅢ 尺鮎 90SY
中イト
ダイワ
タフロン鮎速攻 0.6号 1m
ダイワ
快適メタルジョインターR
水中イト
ダイワ
メタコンポⅡ 0.125号
メタセンサー エムステージ 0.15号
4m
目印
ダイワ
ブライト編み込み目印
オモリ
2～5号
2～4個を並べて
付ける事もある
付けイト
ダイワ
タフロン鮎速攻 0.8号 30cm
中ハリス
ダイワ
タフロン鮎中ハリス30 1.5号
ハリス
フロロカーボン
1.5～2号
ハリ
ダイワ
D-MAX鮎針 XPキープ 3本イカリ
D-MAX鮎針 XPパワーキープ 3本イカリ
D-MAX鮎針 XP大鮎 チラシ

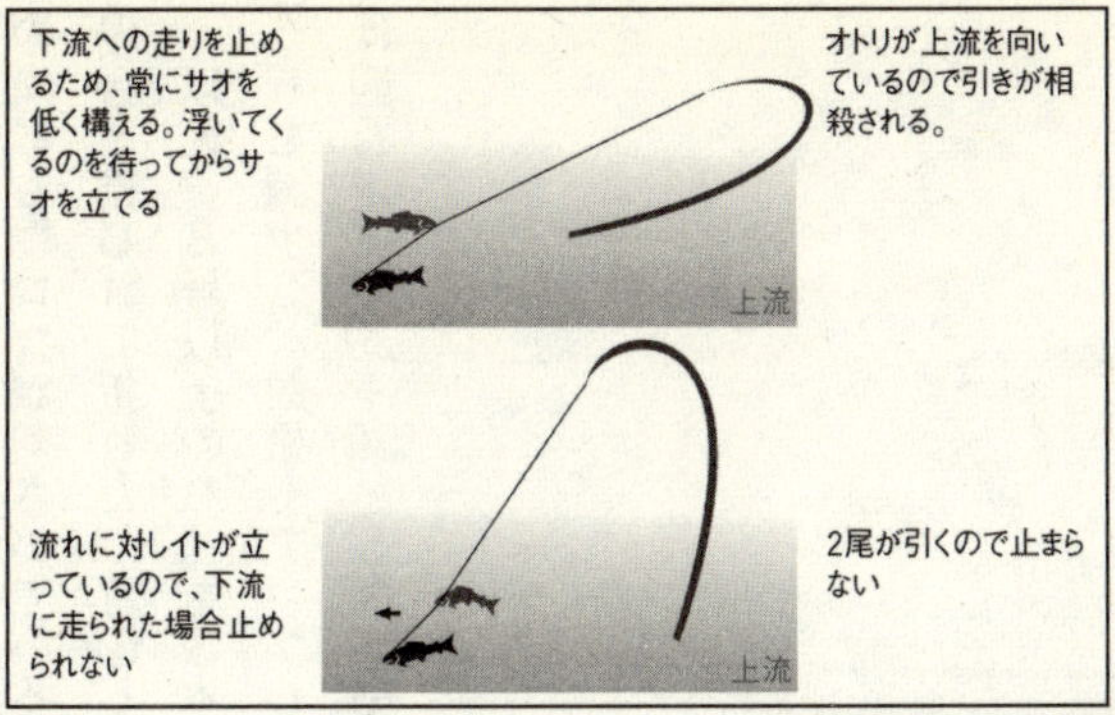
下流への走りを止めるため、常にサオを低く構える。浮いてくるのを待ってからサオを立てる
オトリが上流を向いているので引きが相殺される。
上流
流れに対しイトが立っているので、下流に走られた場合止められない
2尾が引くので止まらない
上流

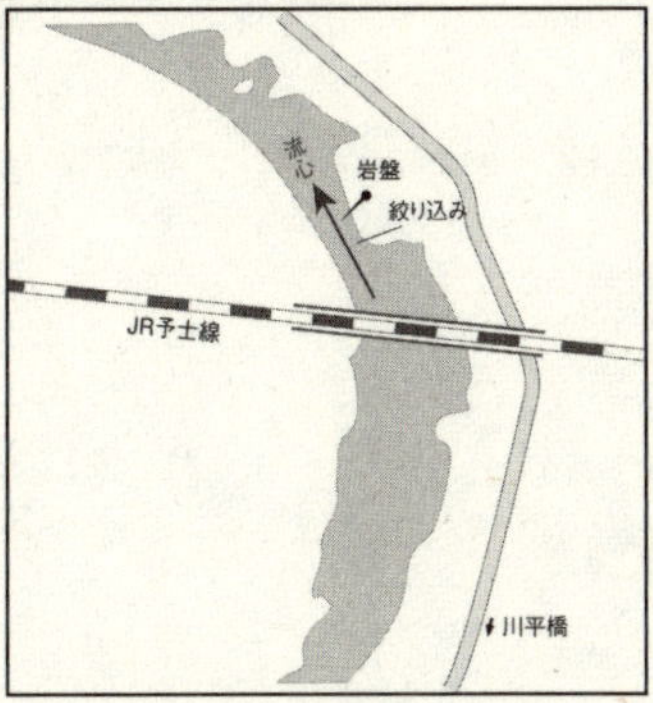
流心
岩盤
絞り込み
JR予土線
川平橋

このバラシとは関係ないが、もうひとつ。私は4本イカリをメインに使用しているが、8号以上の大バリは3本イカリまたはチラシにする。少し前のことになるが、平成12～15年、吉野川の池田ダム下流～貞光周辺では平均25～27㎝の大アユがコンスタントに掛かっていた。7・5～8・5号バリの4本イカリで釣っていると、ハリ折れや変形が頻発する。最初はハリの強度の問題だと思っていろいろと交換したが、それでもハリ折れや変形はなくならない。

ある時変形したハリの隣のハリにアユのウロコが刺さっているのに気付いた。その後、折れたハリ

の隣にもウロコが刺さっているのを見る。これは4本イカリのうち2本のハリが大アユに刺さった場合、捻じれて折れたり変形して曲がったりしているのではないかと考えた。

以後、8号以上のハリを3本イカリにしてからはハリ折れや曲がりは一度も発生していない。ケラレも減少し、釣果もアップした。また、尺+尺にはあと1㎝届かなかったものの、2010年には四万十川で29+30・5㎝を引き抜きで取り込むことにも成功した。

Episode 26.

熊本県／球磨川

引き舟、タモを飛び越えた…。

西本憲治

昭和28生まれ。熊本県八代市在住。ホームグラウンドは球磨川、川辺川。人生最大のアユは熊本県球磨川で当時日本記録といえる505g、1日3尾合計98.3㎝。

●バラした！

強い流圧の急流と岩盤・大岩が連なる球磨川。多くのアユが尺上まで育つこの川をホームグラウンドにすれば、失敗やバラシ、太刀打ちできずに歯ぎしりをする思いをたくさんすることになる。

そんな経験の一例が平成3年9月16日、球磨村商工会が主催する第1回「日本一の大鮎釣り選手権大会」当日の出来事。大会は全国から140人が参加、3尾の長寸を競い、キャッチフレーズは「鮎3匹合計寸1メーターに挑戦」。1尾長寸を競う大もの賞もあり、この頃から大アユ、尺アユの認知度と価値観が高まってきたように思われる。

この日、私は三日原観音前の瀬の翠嵐楼側に陣取り釣り始める。当時このポイントは、手前がザラザラの岩盤で溝が走り、溝の中に頭大の石が入り、水通しもよかった。その少し下流は小石の中に大石が点々と入る小さな瀬になっている産卵場であった。サオ1本半から2本先は岩盤に大中の石が入っている。その上流は岩盤底のトロ場になっていた（現在は変化している）。

釣り始めは手前の溝の中にオトリを入れ、アタリを待つ。しかしオトリが泳がないので岩盤のヨ

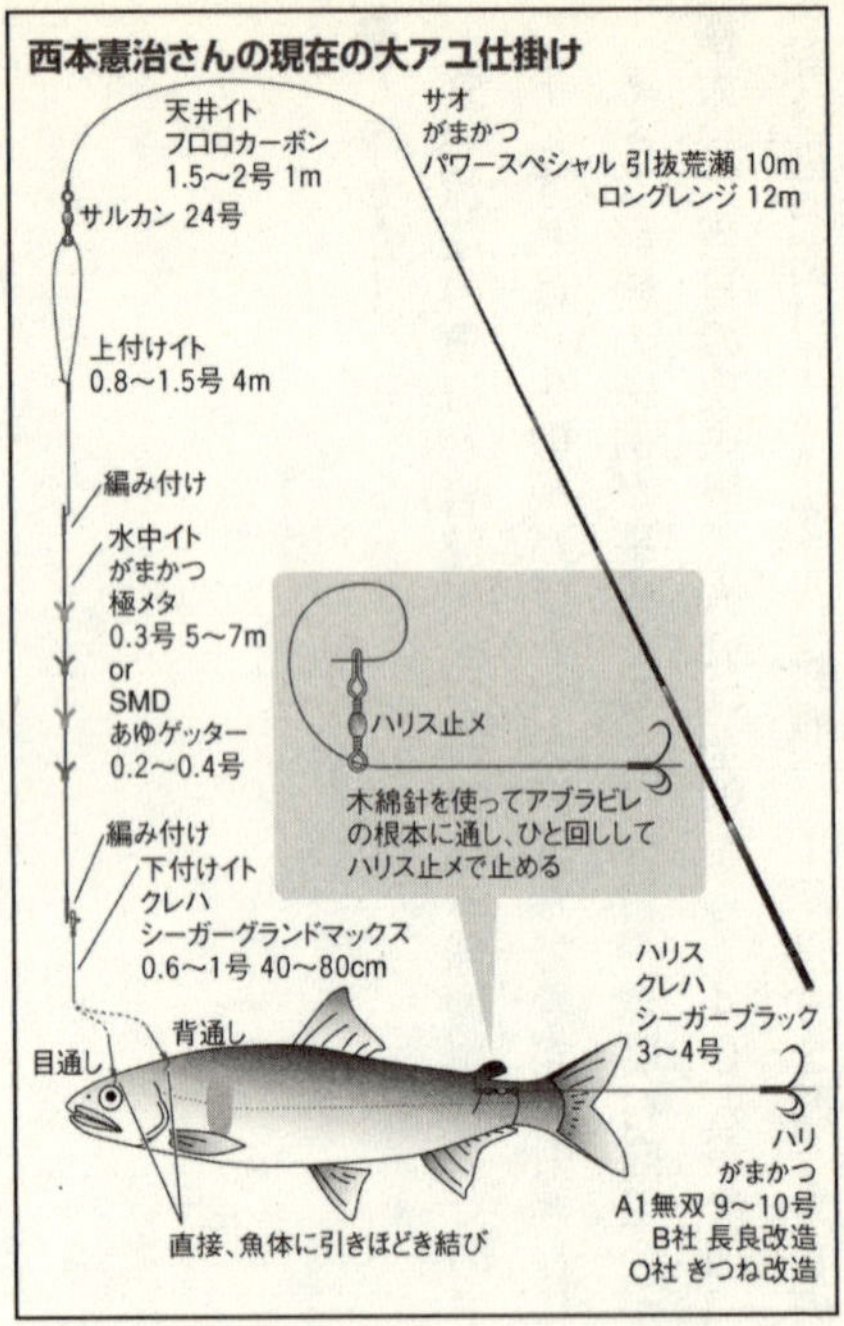

西本憲治さんの現在の大アユ仕掛け
サオ
がまかつ
パワースペシャル 引抜荒瀬 10m
ロングレンジ 12m
天井イト
フロロカーボン
1.5〜2号 1m
サルカン 24号
上付けイト
0.8〜1.5号 4m
編み付け
水中イト
がまかつ
極メタ
0.3号 5〜7m
or
SMD
あゆゲッター
0.2〜0.4号
ハリス止メ
木綿針を使ってアブラビレの根本に通し、ひと回ししてハリス止メで止める
編み付け
下付けイト
クレハ
シーガーグランドマックス
0.6〜1号 40〜80cm
ハリス
クレハ
シーガーブラック
3〜4号
背通し
目通し
ハリ
がまかつ
A1無双 9〜10号
B社 長良改造
O社 きつね改造
直接、魚体に引きほどき結び

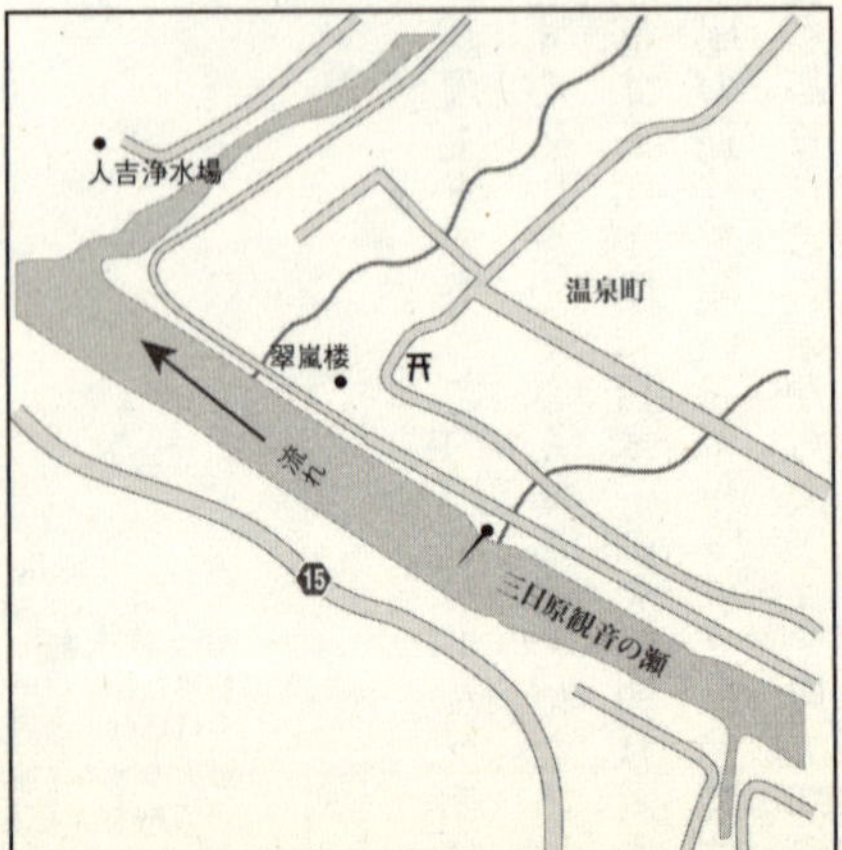

人吉浄水場
温泉町
翠嵐楼
流れ
15
三日原観音の瀬

レに入れ直すとすぐ目印が踊り、サオが曲がった。タモに収まったのは腹掛かりした23㎝くらいのメス。これでは使いものにならない。気持ちを切り替え2尾目の養殖オトリに交換する。泳ぐが流心には入ってくれない、変化もないので引き上げていく。一番上のザラ岩盤の溝にオトリが入ると、ガガッ、ガツーンと石に水中イトが擦れ当たりながらひったくられるように野アユが掛かった。サオを満月にして寄せようとするが、沖下に走られタメが利かない。必死に付いていきながらサオの弾力と粘りで岸側に寄せる。なんとか取り込むと一尺の木製ダモから少し尻尾が出るオスのアユ。「オトリに使うか、キープするか」迷うが、キープした。

その後、22～27㎝をなんとか4尾キープして昼飯タイム。一段目の堤防に腰掛け、空揚げ弁当を食べながら「あと1尾大きいサイズがこないかな」と思いつつ川を見ると、岸からサオ2本弱ほど先で岩盤と石が「黒く光っている」ように見えた。急ぎ弁当を食べ川に戻る。

オトリをアルミ製の箱形引き舟から取り出そうとタモの前で舟を左手で斜めに持ち、右手でフタを開けた時、中から元気よく大きな魚体が飛び出してタモの中へ着水。「アッ！」と思った時には、さらにタモから飛び跳ねて、しぶきを残して水面下へ消え去った。引き舟の中を確認すれば、尺アユがいない。やはりこのサイズのアユは力が強く、動きも素早く予期せぬ暴れ方をするのである。引き舟まで納めたというのに、逃してしまうとは。一気に勝算が高まった1尾だっただけに、深く記憶に残るバラシになっている。私はこのエピソードを「尺アユの2段飛び」と名付け自身を戒めている。

●原因は——

早く釣りたいと気持ちが急いて、引き舟内の水を少なくせずにフタを開けたこと。それから、キープする魚を生けるためのオトリ缶がなかったことだ。

以後、引き舟は前後にフタがあるものを購入、タモも枠径が39㎝のものにした。このアイテムがあれば、前方に舟を傾けて水を出し、後のフタを開けてオトリが取り出せる。舟の後部をタモに突っ込んでから行なえばより安全だ。オトリ缶を新調し、キープするアユはオトリ缶に区別して入れるようにした。

●この経験を活かして

この経験が役立ち、同じような失敗はなくなった。実は第1回目の大会も「尺アユの2段飛び」による痛恨のバラシはあったが、その後は落ち着いて釣りができ、28～27㎝クラスを2尾あげた。検量すると3尾合計で82・7㎝。1㎜の僅差で、なんと初代チャンピオンになった。

その後も2回優勝を手にした。また、3尾合計91・4㎝の記録はいまだ破られていない。

この年は仕掛けの改良をしていた年だった。私が愛用している球磨川伝統の目通し、背通し、尻バリハリス通しの仕掛けは、ハリスを木綿バリでオトリに通してから、引きほどき結びでセットしていた。そのうち、尻バリの接続をハリス止メに改良し手返しがアップしたのである。

三日原観音前の瀬。一見すると穏やかなトロ場に見えるが、
ツルツルの岩盤底で押しは強い

また、このシーズンは8月後半から2号ハリスを飛ばされることが何度かあり、大会では3号を用いた。巨アユをバラしたのは残念だが、アタリから取り込むまでの過程にトラブルがなかったことは、大きな進歩になったと思っている。

最後に大アユのつかみ方について。アユは大きいとつかみづらく、よく滑る。馴れないうちは必ずタモの中で扱うこと。取り込んだ直後は意外とおとなしい。つかみ方は、人差し指をエラブタの胴体側にある骨に引っ掛けるように押さえる。この時、指先がエラの中に入るとオトリが昇天することもあるので注意する。ほか4本の指は『く』の字に強く曲げ、アユの胴体を適度にロックして素早く扱うこと。また、エラブタではなく、口の中に人差し指を引っ掛けてやることも多い。まずは安全な環境で練習して、充分に馴れることだ。

Episode 27.

熊本県／球磨川

弁慶の泣き所を強打…。

菲塚智彦

1960年生まれ。福岡県筑紫郡在住。ホームグラウンドは熊本県球磨川。『尺鮎工房』で球磨川の大アユ専門ガイドとオリジナル釣り具の販売を行なう。人生最大のアユは球磨川の那良の瀬で釣った34㎝。

●バラした！

私のホームグラウンドである球磨川は、激流の大アユ釣りができる尺アユの聖地とも呼ばれている。立っているだけでもかなりの体力を消耗する流れが走り、そんな場所で長ザオを操り大アユをねらう。タックルを間違えばサオは折れ、イトは簡単に飛ばされてしまう。掛けバリを吟味したつもりでも、身切れ、底バレは日常茶飯事。振り返ればこの川に魅せられて24年、数え切れないバラシを演じている。特に球磨川通いを始めたばかりの頃は、手にしたアユより逃がしたアユのほうが多かったと思えるほどだ。今回は特に記憶に残っているふたつのバラシを紹介しよう。

今でも大アユポイントで有名な球磨村にある角折《つのお》れの瀬。特に瀬肩は岩盤にゴロゴロと大石が絡まり絶好のアユの付き場なのだが、足場が悪く、掛かっても取り込みに苦労する難所である。そんな場所に若くて元気だけが取り柄のヘッポコが登場したからさあ大変。昔はアユの数も多く、オトリを沈めれば下手くそな私でも大きなアユが掛かるのだが、アッという間にサオがのされてナイロン0・8号がプッツン。頭に血が上った私は、師匠からもらった0・6号のステンレスワイヤを硬調10mのサオに張り、その時キープしていた最後の野アユにハナカンを通した。腰まで流れに浸かって5号玉を2連結したオトリを対岸にある岩盤の際になんとかねじ込む。すると一瞬で穂先が流れの中に突き刺さる。「まだ心の準備が出来てない!」と、あわてる私。

必死にサオを起こそうとするのだが、アユのパワーが勝っていて穂先が徐々に下流へ持っていかれる。このままではまたしてもイトを切られる! と思い、穂先の動きを見つめながら下流に下がろうとした途端、「痛っ!!」スネに激痛が走った。思わず左手をスネにもっていった瞬間、サオがまっすぐに伸ばされてジエンド。あまりの痛さと情けなさに川の中に座り込み、ひらひらとなびく切れた天井イトを見つめる若き日の私がいたのである。

そしてもうひとつ。これも若き日の私。9月のガネ瀬での体験である。この日は背肩のゆるい流れで調子よくオトリが野アユに替わり、いよいよ核心部になる瀬の中へ立ち込んだ。ガネ瀬といえば球磨川の中でも特級クラスの荒瀬である。腰まで浸かれば立っているのがやっとの水流。重たい

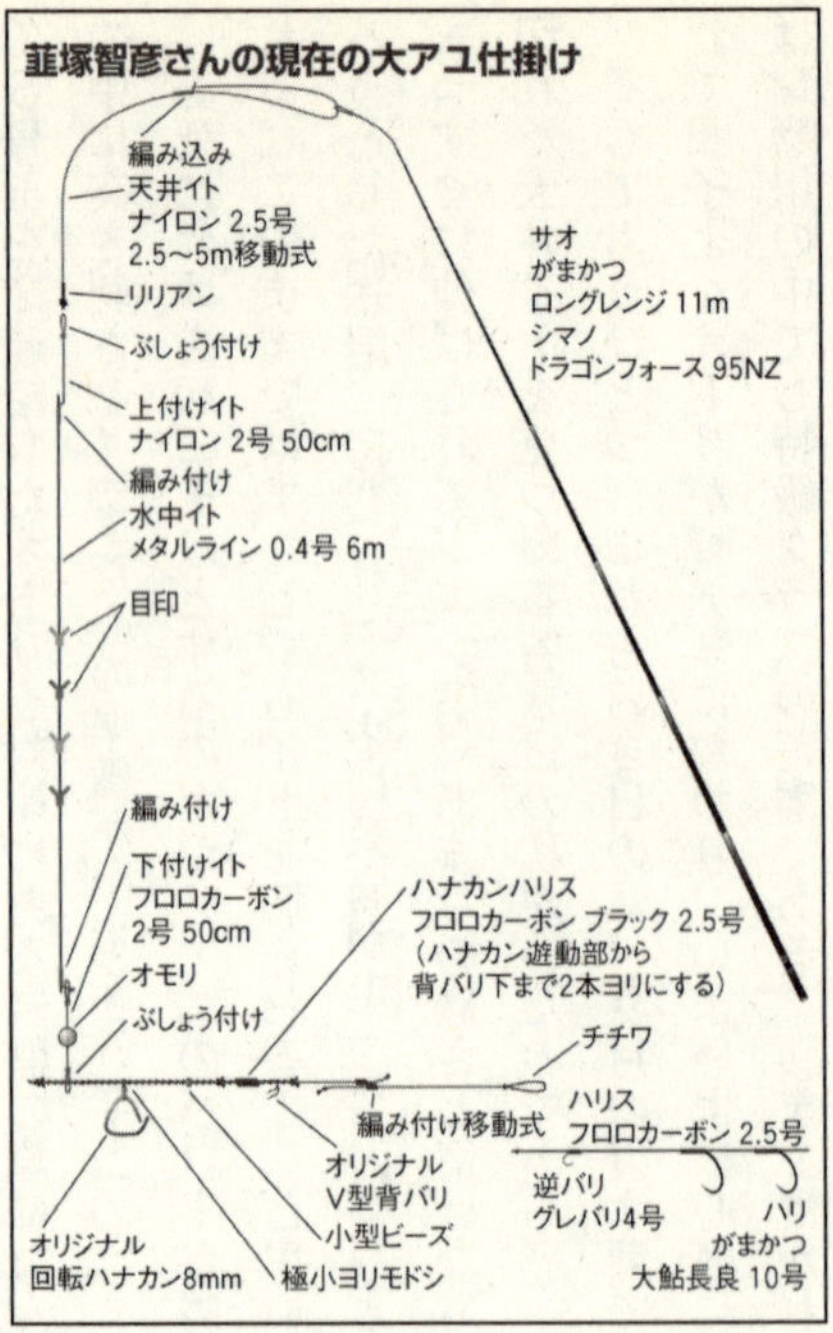
韮塚智彦さんの現在の大アユ仕掛け
編み込み
天井イト
ナイロン 2.5号
2.5～5m移動式
リリアン
ぶしょう付け
上付けイト
ナイロン 2号 50cm
編み付け
水中イト
メタルライン 0.4号 6m
目印
編み付け
下付けイト
フロロカーボン
2号 50cm
オモリ
ぶしょう付け
サオ
がまかつ
ロングレンジ 11m
シマノ
ドラゴンフォース 95NZ
ハナカンハリス
フロロカーボン ブラック 2.5号
（ハナカン遊動部から
背バリ下まで2本ヨリにする）
チチワ
編み付け移動式
ハリス
フロロカーボン 2.5号
オリジナル
V型背バリ
逆バリ
グレバリ4号
ハリ
がまかつ
大鮎長良 10号
小型ビーズ
オリジナル
回転ハナカン8mm
極小ヨリモドシ

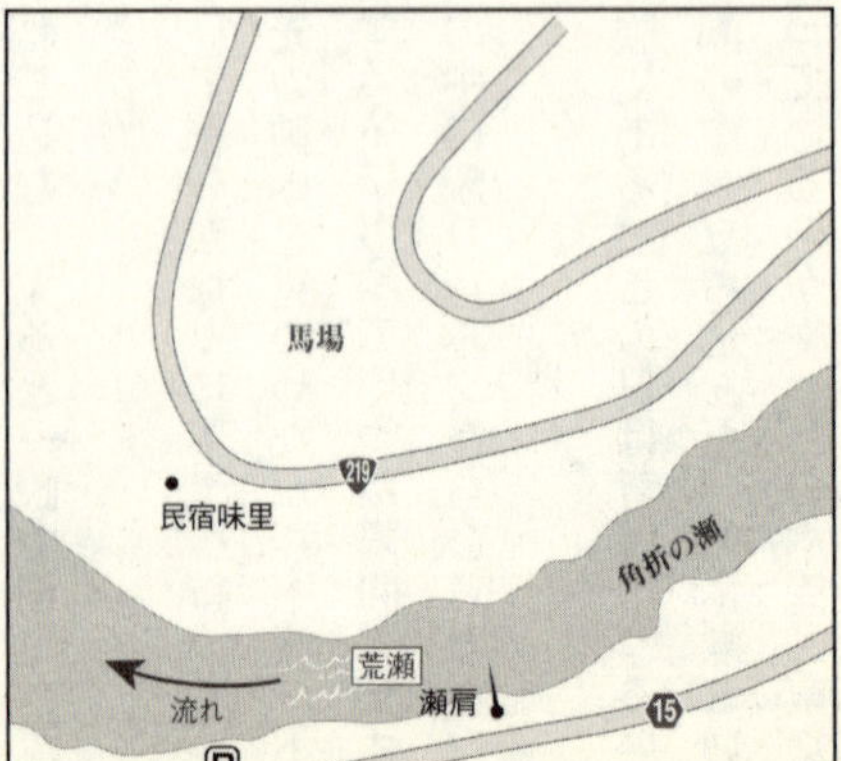
馬場
219
民宿味里
角折の瀬
荒瀬
瀬肩
流れ
P
15

10mのサオを真横に構え、引き舟の抵抗で腰がふらつく。そんな釣り人のスキをついたように大アユが掛かった。荒瀬の中を一気に下るそのアユを追いかけ、途中でズッコケながらも何とか瀬尻まで下ってサオを絞る。オトリを背負ったままふたたび瀬の中に戻ろうとする野アユとぎりぎりの攻防が続く。

「デカイ!　自己記録更新か?」と心臓バクバクでつまみイトに手が伸びた瞬間、引いていた引き舟のヒモにハリが引っ掛かり、自己記録は水の泡となった。

角折の瀬は肩から尻まで大石が沈む

●原因は——

ひとつめのバラシは沈んだ大石にスネを強打したこと。当時のタイツには今のようなスネパッドが付いておらず、大アユを取り逃がした勲章として、デカイ青アザを付けられた。

ふたつめは引き舟が取り込みの邪魔をした。

●この経験を活かして

私のリベンジ計画がスタートする。転んでもただでは起きぬゾと、スポーツ用品店でサッカー用の「スネ当て」を発見するのである。これをタイツの下に入れて使うのだが、全く違和感がなく、げんこつで殴ってもびくともしない優れ物。以来、とても気に入っている。また、流れの速い場所では足裏とともにスネを大岩に押し付けるように立つと安定した姿勢が取れるこ

愛用のすね当て

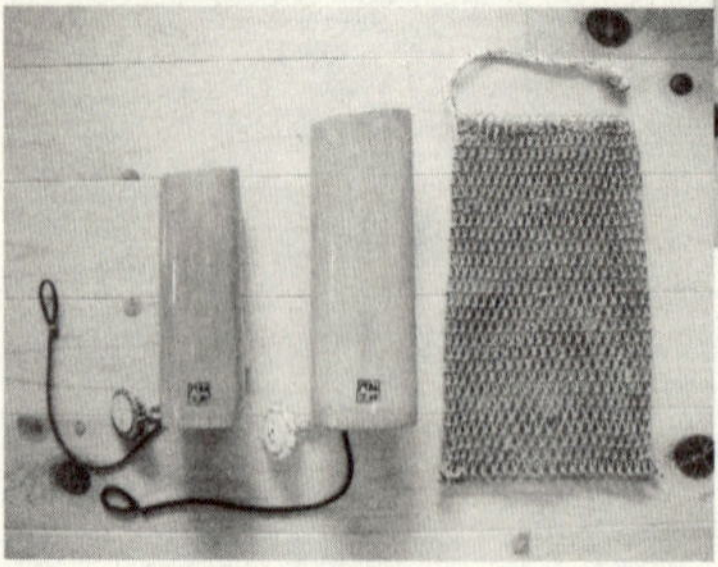

オリジナル通い筒（左）と
引き舟ネット（右）

とも利点のひとつ。

引き舟による苦い経験から、「自己記録をねらうなら引き舟は引くな」をモットーにしている。掛かりアユをオトリにして釣り続けるわけではない。コンビニ袋でオトリ缶まで持っていけばすむことである。しかし、少しスマートにしたかったので尺アユも入る極太の通い筒を自作。また、丈夫なネットで小さめの巾着袋を作った。通称「引き舟ネット」である。引き舟を引いていても、ここぞと思うポイントに差し掛かれば、ネットの中に石を入れて引き舟をつないでおく。集中できるし、トラブルもないのでおすすめのアイテムである。

こういった数多《あまた》の工夫をした結果、平成19年9月27日、球磨川は人吉の中河原で33・5㎝、470gの大アユを手にすることができた。

Episode 28.

神奈川県／相模川

掛かり所が悪かった…。

大谷正則

1976年生まれ。神奈川県厚木市在住。ゴールデンタイムズ所属。ホームグラウンドは中津川。ソリッド穂先による数釣りからパワーロッドの大アユ釣りまでこなす。人生最大のアユは相模川の32.5cm、350ｇ。

●バラした！

水中に目印が突き刺さったその瞬間、上流にサオを寝かせてためる。そして野アユを底から浮かせて一瞬の隙をついてオトリと掛かりアユもろとも上流に飛ばし、流れてきたアユをタモに吊るし込む。いわゆる九頭竜返しと呼ばれている返し抜きだ。本来はそれ以上下れない場所でアユを取るためにある抜き方だが、抜きが決まればこれほど格好よい釣りもない。

自分は大アユ釣りに限っていえば、どんな場所でどのような釣り方をするかにこだわっている。

ガンガン瀬で返し抜きで手にしたアユはより価値があると思っていたが、そんな考え方を改めさせられたのが２００９年の相模川だった。

この年、相模川上流部は８月中旬から尺アユが釣れ始め、８月30日には自分も人生初となる尺ア

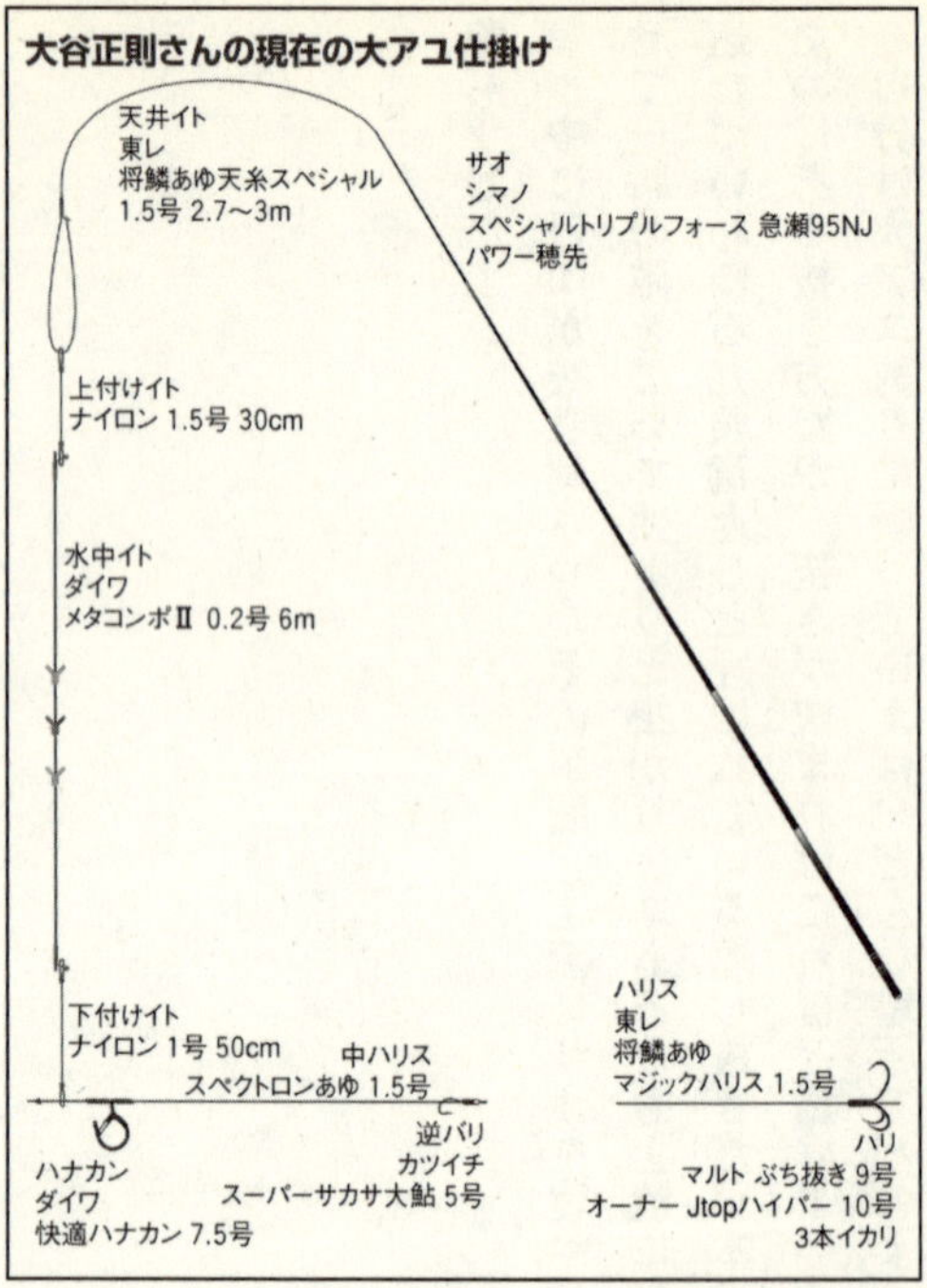

大谷正則さんの現在の大アユ仕掛け
天井イト
東レ
将鱗あゆ天糸スペシャル
1.5号 2.7～3m
サオ
シマノ
スペシャルトリプルフォース 急瀬95NJ
パワー穂先
上付けイト
ナイロン 1.5号 30cm
水中イト
ダイワ
メタコンポⅡ 0.2号 6m
下付けイト
ナイロン 1号 50cm
中ハリス
スペクトロンあゆ 1.5号
ハリス
東レ
将鱗あゆ
マジックハリス 1.5号
逆バリ
カツイチ
スーパーサカサ大鮎 5号
ハナカン
ダイワ
快適ハナカン 7.5号
ハリ
マルト ぶち抜き 9号
オーナー Jtopハイパー 10号
3本イカリ

上大島
清水下頭首工
流れ
トロ
瀬
瀬
P
相模川
斉藤オトリ店
葉山島
高田橋
トロ
511

ユを手中に納めることができた。しかし、ほかの釣り人にサイズを更新されて悔しい思いをしていた。

数日後、相模川の葉山島地区に向かった。初っ端から25～28㎝の大アユがサオを絞り、返し抜きで順調に数を伸ばし始めた。対岸の釣り人やその周りも全然釣れていないように見えた。そんな状況で返し抜きをやっていれば否が応でも目立ってしまう。気分はよいがねらいは尺だ。

流心に向かって、だんだんと近づいた。すると、「グイーン、グン！」という衝撃があり、しばらくすると一気に下った。これは！　引きの重量からしてでかい。その時、私は何を血迷ったのか「もしかしたら抜けるかもしれない。抜けたら目立ってかっこいいぜー」と思ってしまった。

というのも前回の尺アユはすくい込みで取った。自分が理想とする大アユ釣りではなかった。そんなことを考えつつ、1歩、2歩と下がりながらも脇を締めてサオをため、瀬脇に寄せた。ここで抜こうとサオを立てた。しかしコイか？　と思うほどオトリすら顔を出さないパワフルな引き。しばし1対1の攻防が続いた後、ようやくオトリが水面を割った。そしてその下からヌッと野アユの顔が見えた途端「スポーン」とオトリが天高く飛んだ。やっちまったーと思った時にはもう遅かった。我に帰ると周囲の視線が私に集まっていた。すぐに冷静さを装い、釣りを続けたが尺上と思われただけに悔しさと恥ずかしさが残った。

●原因は――

尺アユ実績の高い葉山島の一本瀬

掛かり所である。顔掛かりだったのだ。20cm前半のアユならば変な位置に掛かっていてもハリがしっかり食い込んでいれば難なく抜ける。しかし、20cm台後半になるとアユが重くて身切れする。まして顔掛かりとなるとハリの刺さりも浅い。それを無理して抜こうとしたもんだから……。

もうひとつの原因はハリのサイズ。実際に尺アユを手にすると9号や10号のハリが可愛く見える。瀬釣りで尺をねらうならすくい取るにしても11～12号がほしい。が、そんなサイズはまず見かけない。このハリのサイズはメーカーに期待するしかない。

●この経験を活かして

アタリの出方によって野アユの掛かり所は判断できそうだ。これは大アユに限っての話ではなく、オモリを付けた瀬釣りだと分かりやすいように思う。野アユが掛かった時に上流や横方向へ走るようなら背掛かり。下流へ一気に走るようなら背より後ろの尾ビレなどに掛かっていることが多い。そして「グイングイン」と顔を振るようなアタリが出たら顔掛かりだ。この判断方法が絶対とはいえないが、やり取りの身構えが変わってくる。

そして仕掛け全体、サオの強度を考えてどこまで無理ができるかをよく知ること。もしあの時ハリがワンサイズ大きく、がっちりと刺さっていたとしても無理に抜こうとすればサオが折れていたかもしれない。下れるようなら下って、抜かずにすくい込む勇気が必要だ。

さらに数日後、2009年の9月12日、悔しい思いをした「葉山島」の瀬。再度同じ流心へオトリを突っ込んだ時だった。今度はドンッというアタリがあった。掛かりがよさそうだ。仕掛けを強化したのでいささか強引に寄せ大事にすくい込んだ。その魚は32・5cm、350g。まるでアユとは見えない太さをしていた。

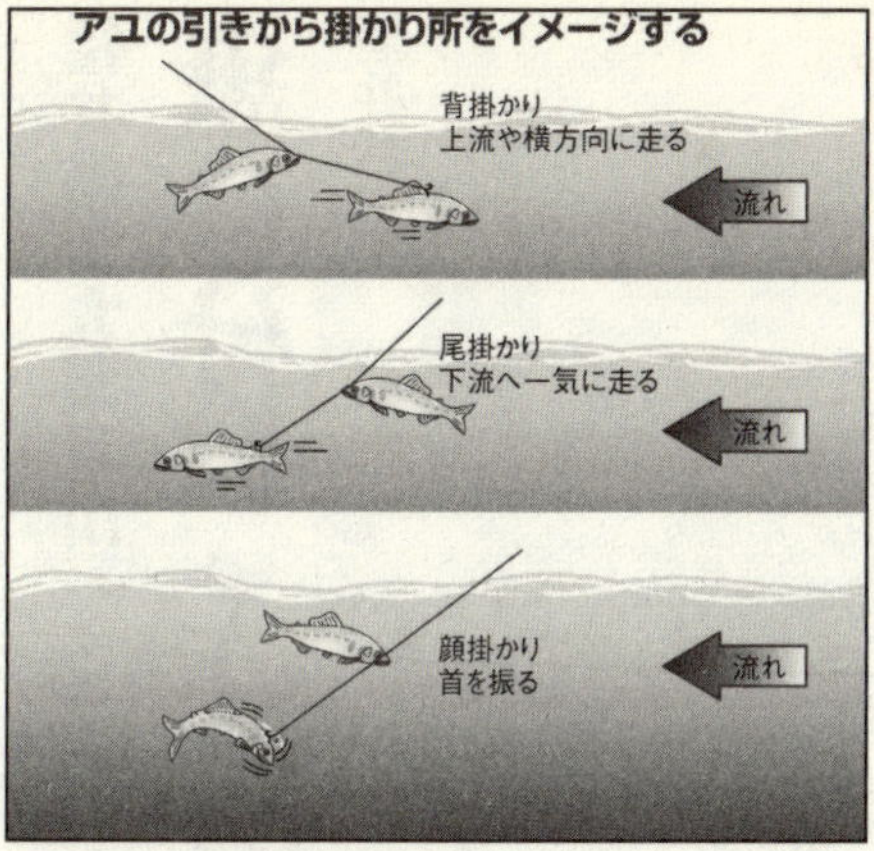
アユの引きから掛かり所をイメージする
背掛かり
上流や横方向に走る
流れ
尾掛かり
下流へ一気に走る
流れ
顔掛かり
首を振る
流れ

Episode 29.

福井県／九頭竜川

魚に付いて下れずに…。

酒井桂三

1963年生まれ。福井県福井市在住。ホームグラウンドは福井県の九頭竜川、足羽川。自己最長寸のアユは、九頭竜川での30.0㎝。

●バラした！

毎年8月のお盆の頃になると、九頭竜川では25㎝以上に育ったパワフルなアユが釣り人を熱くさせる。深トロでもよく掛かるが、私は取るか切られるかの荒瀬での勝負のほうが好きだ。

2007年、その日入ったのは坂東島。笠川オトリ店前で、上流より流れる広く長い荒瀬（大野島の瀬）が大きな中州で右岸と左岸に分かれるポイントである。右岸の流れは優しいが、左岸は流れが絞られて高低差が大きい。若い頃は豪傑で知られた笠川オトリ店の主人も、初めてここを訪れる釣り人には「中洲の向こう側へは危ないから行くな」と言うくらいである。九頭竜川でも有数の荒場だ。

体高があり、肩から尻尾の付け根までぶっとい、アユというよりシルエットはヤマメのような見事な魚体。そんな魚に会いたくて、私は毎年何度かここを訪れる。

中州左岸に流れ込む荒瀬のヒラキで、まずオトリを取った。ヒラキ下流で左岸の急瀬に右岸の荒瀬が交わり、さらに流れのスピードを増した激流になる所が目差す大アユのポイントである。さほど足腰が強靭でない私でも、左岸と右岸の違う流れがぶつかり合う所に、わずかに立つことができるヨレがあるのだ。真横からそこを目差しても流れが強く、たどり着くことができない。上流から流れに乗りながら行くしかないのだ。ちなみに簡単に行けるほどの渇水時はいい思いをしたことがない。

この日は5号のオモリでオトリを流れに沈めれば、24～26㎝の真っ黄色が入れ掛かり。愛用の荒瀬抜きのサオを根元から曲げてくれる大アユの引きを存分に楽しんでいた。

限られた立ち位置から探れる最後の下流ポイントは、非常に流れの強い激流の肩。ここにはたいてい、一番いい魚が着いている。オトリを沈めた瞬間、ゴツッというアタリとともに、魚は対岸の木の下に走った。期待どおりの大ものだ。サオを寝かせたまま、カミに絞り上げ、流心から手前に誘導する。サオの角度を保ったまま立て、魚を浮かせにかかる。強い流れと大アユの引きに負けてサオの角度が広がれば、アッという間にのされてイトを切られる。

石に足を掛け、腰を落として踏ん張る。が、それでも立っていられる限界まで身体を一歩、下流に引きずられる。ここから先は止まれる所がない激流である、自分の身体にぶつかってできる流れのヨレに浮かせるべく、さらにサオを絞り立てようとするが、相手もさるもの。流心に逃げようと、すさまじいパワーで抵抗する。

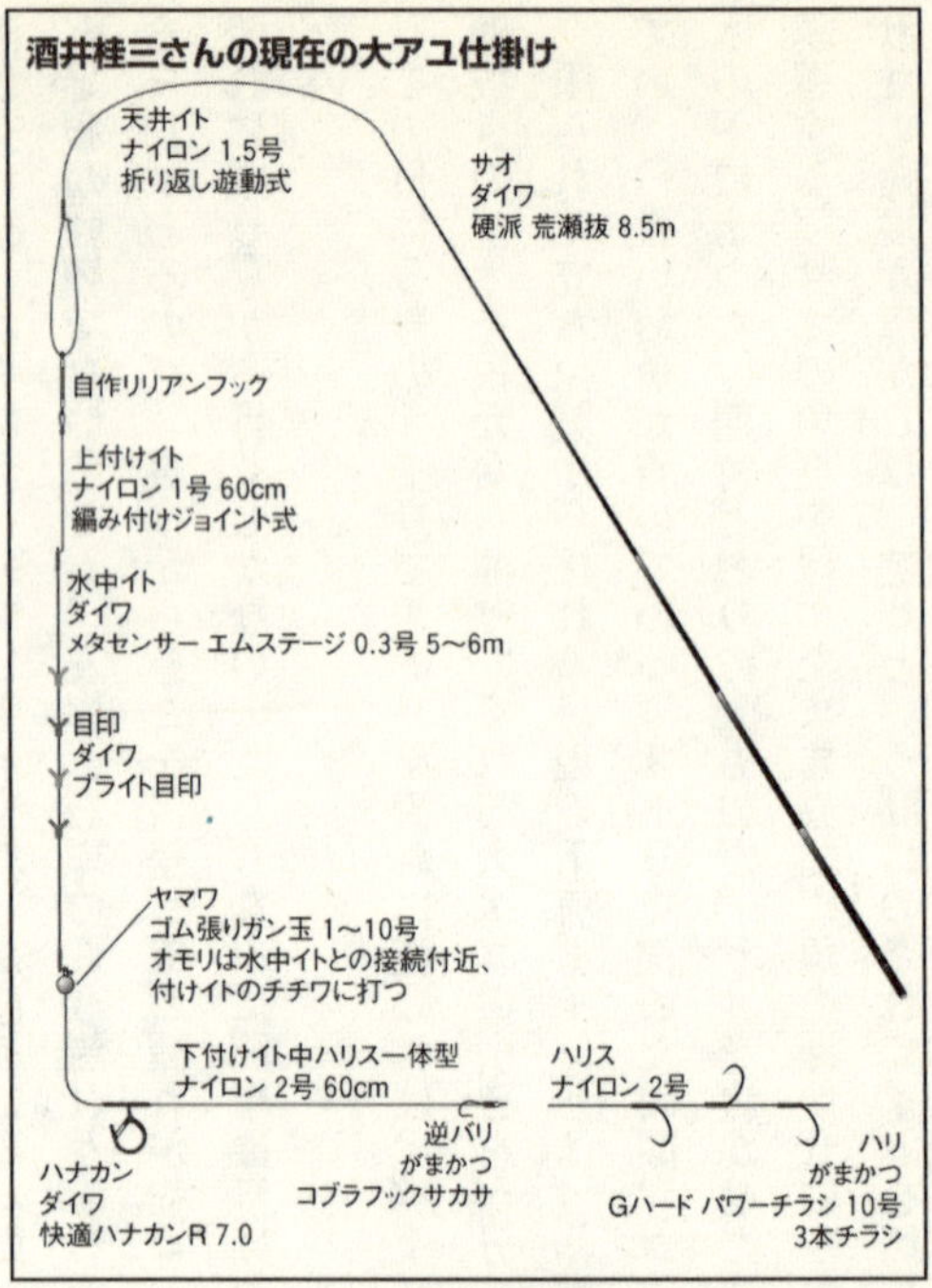
酒井桂三さんの現在の大アユ仕掛け
天井イト
ナイロン 1.5号
折り返し遊動式
サオ
ダイワ
硬派 荒瀬抜 8.5m
自作リリアンフック
上付けイト
ナイロン 1号 60cm
編み付けジョイント式
水中イト
ダイワ
メタセンサー エムステージ 0.3号 5〜6m
目印
ダイワ
ブライト目印
ヤマワ
ゴム張りガン玉 1〜10号
オモリは水中イトとの接続付近、
付けイトのチチワに打つ
下付けイト中ハリス一体型
ナイロン 2号 60cm
ハリス
ナイロン 2号
ハナカン
ダイワ
快適ハナカンR 7.0
逆バリ
がまかつ
コブラフックサカサ
ハリ
がまかつ
Gハード パワーチラシ 10号
3本チラシ

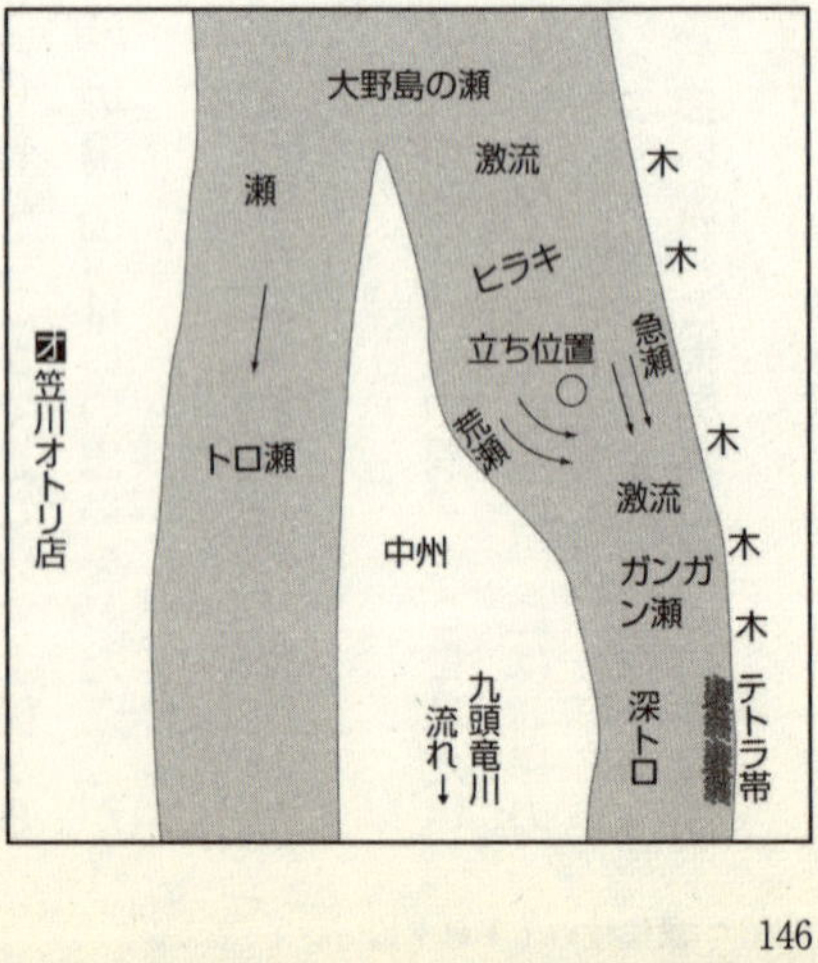
大野島の瀬
瀬
激流
木
木
ヒラキ
オ 笠川オトリ店
立ち位置
急瀬
荒瀬
トロ瀬
木
激流
中州
木
ガンガン瀬
木
九頭竜川
流れ↓
深トロ
テトラ帯

4秒、5秒……。私も魚も一歩も引かない、こう着状態が続いた。キーンというイト鳴りを聞きながら、ふとサオ先に目線を上げた瞬間。パチンという音が響いた。0・2号のメタルが、ど真ん中で弾けたのである。

九頭竜川の鳴鹿堰堤上流は大石、大淵、荒瀬が点在するダイナミックな流れ。写真は笠川オトリ店の前

その後の私はというと、ためていた腰が後ろに崩れ、その連鎖で足が水圧に払われてしまった。流れに身を任せるしかなく、30m下流の瀬尻まで流される羽目になったのである。頭からずぶ濡れになり、身体の力がすっかり抜けて座り込んだ。そのようすは、どこから見ても敗者だったと思う。

●原因は——

敗因は、ラインが細かったことが一番である。この時期には0・2号のメタルで持たない魚はいないと高をくくっていた私の考えの甘さだ。それ以来、お盆を過ぎると0・3号以下は張らないようにしている。

しかしラインが切れなければ取れたのかというと、少々疑問が残る。地元の名のある激流釣り名手に、こんな話を聞いたことがある。

「取れる魚は27㎝まで」

意外に思えたが、一歩も下がることなく、その場で勝負する人たち曰く「それ以上、おそらく尺ものも掛けているだろうが、下がらなければどこかで切れる、仕掛けが切れなければ、えぐってでも身が切れる」とのこと。

実際、シーズン終盤に下ってくる大アユをねらいにトロ場に釣りに行くと、ケプラー糸にトンボの3本チラシが背中に巻きついていたり、体を深くえぐられた魚をときどき見かける。これらは、たいてい27㎝くらいから上の魚である。

●この経験を活かして

よく「一歩も下がらずに大アユを抜く」という言葉を耳にするが、私の九頭竜川での常識の中ではあり得ない言葉である。切れないラインを張ることはもちろん、「取りたかったら下がれ、追いかけろ」と、これに尽きると私は思う。

その年の9月のこと。別の場所で1・5号で通した付け糸～中ハリスをブチブチやられた私は、その激流ポイントで魚を掛けて30m下った。なんとか取った魚は、29・5㎝だった。

Episode 30.

熊本県／球磨川

引き舟に入れる前に…。

韮塚智彦

1960年生まれ。福岡県筑紫郡在住。ホームグラウンドは熊本県球磨川。『尺鮎工房』で球磨川の大アユ専門ガイドとオリジナル釣り具の販売を行なう。人生最大のアユは球磨川の那良の瀬で釣った34cm。

●バラした！（逃がしちゃった！）

バラシとはちょっと違うが、私がまだ若かりし頃によくした失敗のお話。大アユの定義が何cm以上かはよく分からない。だが、なんとか片手で扱える25～26cmまでを中型として27cm以上をここでは大アユとして話を進めさせていただきたい。

大アユが釣れる時期だから梅雨明け以降の7月末頃だったと思う。私は師匠にアユ釣りを教えてもらうため、前日に球磨川の高千穂の瀬（西瀬）に入り翌日使うオトリ獲りをしながらアユ釣りを

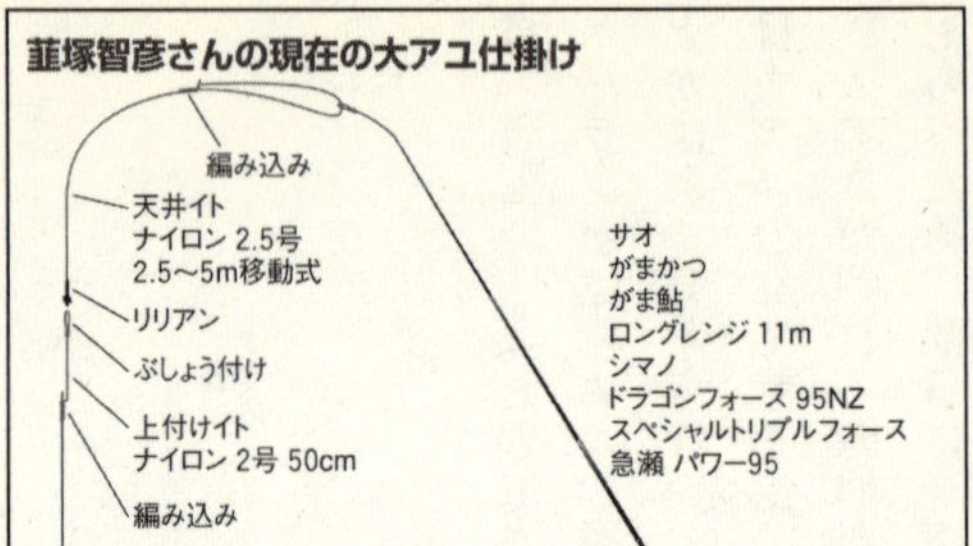
菫塚智彦さんの現在の大アユ仕掛け
編み込み
天井イト
ナイロン 2.5号
2.5〜5m移動式
リリアン
ぶしょう付け
上付けイト
ナイロン 2号 50cm
編み込み
水中イト
メタルライン 0.4号 6m
目印
編み込み
下付けイト
フロロカーボン
2号 50cm
オモリ
ぶしょう付け
サオ
がまかつ
がま鮎
ロングレンジ 11m
シマノ
ドラゴンフォース 95NZ
スペシャルトリプルフォース
急瀬 パワー95
ハナカンハリス
フロロカーボン ブラック 2.5号
（ハナカン遊動部から
背バリ下まで2本ヨリにする）
チチワ
編み込み移動式
ハリス
フロロカーボン 2.5号
オリジナル
V型背バリ
逆バリ
グレバリ4号
小型ビーズ
ハリ
がまかつ
大鮎長良 10号
オリジナル
回転ハナカン8mm
極小ヨリモドシ

楽しんでいた。当時の師匠の指導は非常に厳しく、「背掛かりでハナカンを通していない野アユ5尾（2人分）」を必ず翌日のために残さなくてはならなかった。

初めに買う養殖は3尾まで。「オトリ獲りのために自分自身の釣りを壊すことなく、楽しみながら釣りをしてオトリを残す」という友釣り初心者にはかなりハードルの高い課題を与えられていた。まずは養殖にオモリを打って3尾とも野アユに替える。顔や腹など掛かりどころが悪い野アユをオトリに使い、弱ったら養殖オトリの再出動を繰り返しながら背掛かりの野アユをオトリ缶に貯めてゆく。

高千穂の瀬は長い一本瀬、引き舟を引いての釣りで腰まで立ち込むと踏ん張っているのがやっとの流勢だ。剛竿をベタザオで構え、ときどき流されながらも何とか28㎝ほどの背掛かりをキャッ

これが引き舟フック。魚を入れる際は、まずこのフックに舟を引っ掛けて固定する。このひと工夫でずいぶんと大アユを逃がさなくなった

チ。「やっと5尾目のよいオトリが獲れた！　今日はこれで終了（笑）」と喜んだのも束の間、引き舟に入れる時に手がすべって川の中へポチャン。「逃がすぐらいならオトリに使えばよかった……」と悔やみながらヘロヘロのオトリにオモリを追加して夕方まで残業する若き日の私でありました。

●原因は――

右手で引き舟のロープをたぐり寄せていた。もう片方の手（左手）で元気な大アユを引き舟に入れようとすると、

魚が暴れ、逃がしてしまった。両手が使えるように引き舟のロープを口にくわえたり、引き舟を股の間に挟んでみるが、流勢の強い球磨川では思うようにいかなかった。

●この経験を活かして

自分のすぐ近くで引き舟を簡単に留められる方法はないものかと行きつけのホームセンターを行ったり来たり。やっとひらめいたのが実に簡単！　S字フックを利用した通称「引き舟フック」だ。今では100円ショップでよく売っているS字型をしたフックに丈夫なロープで直径10㎝くらいの輪を作り、ぶしょう付けするだけで完成。引き舟を引く側（下流側）のベルトに付いているナスカンに引っ掛けて（写真参照）使う。引き舟のロープをたぐり寄せたら持ち手のロープにフックを引っ掛けるだけで、簡単に引き舟が両手の届く範囲に留められる。釣りの邪魔にもならない優れもののアイテムである。この発明により大アユは両手で引き舟に入れることができるので逃がすことはなくなった。めでたし、めでたし！

Episode 31.

神奈川県／相模川

オトリを送り込みすぎて…。

小泉正弘

1942年生まれ。神奈川県相模原市在住。相模友釣同好会、GFG関東・神奈川支部に所属。頑固一徹で瀬の引き釣りを楽しむ。平成20年、映画「釣りキチ三平」の釣り指導（友釣り）のひとりとして携わる。人生最大のアユは相模川で釣った29.1㎝。

●バラした！

私の友釣り人生35年のビギナー時代の出来事。鮮明に思い出すバラシがある。

8月中旬、お盆前の熱い日だった。場所は中津川角田大橋下流。現在「壊れ橋」と呼ばれる橋の残骸があるポイント。当時は人が渡れる程度の吊り橋が架かっていた。土用隠れなのか簡単に釣れず、やっとこさ22㎝クラスが掛かった。すぐオトリに使い、急瀬の下流に向けて限界まで送り込んだ。オトリが沈んだ。その瞬間に激しいアタリがあり、一気にサオがのされた。イトは切れなかったが竹ザオの穂先が抜けてしまった。しばらく穂先を捜したが見つからない。今でも思い出すトホホな話だ。

竹ザオは6本の差し込み式。よほど大きなアユでないと穂先が引っこ抜かれることはないし、イトとサオが一直線にならないとこのような現象は起きない。逃がしたアユと穂先の代償は大きかっ

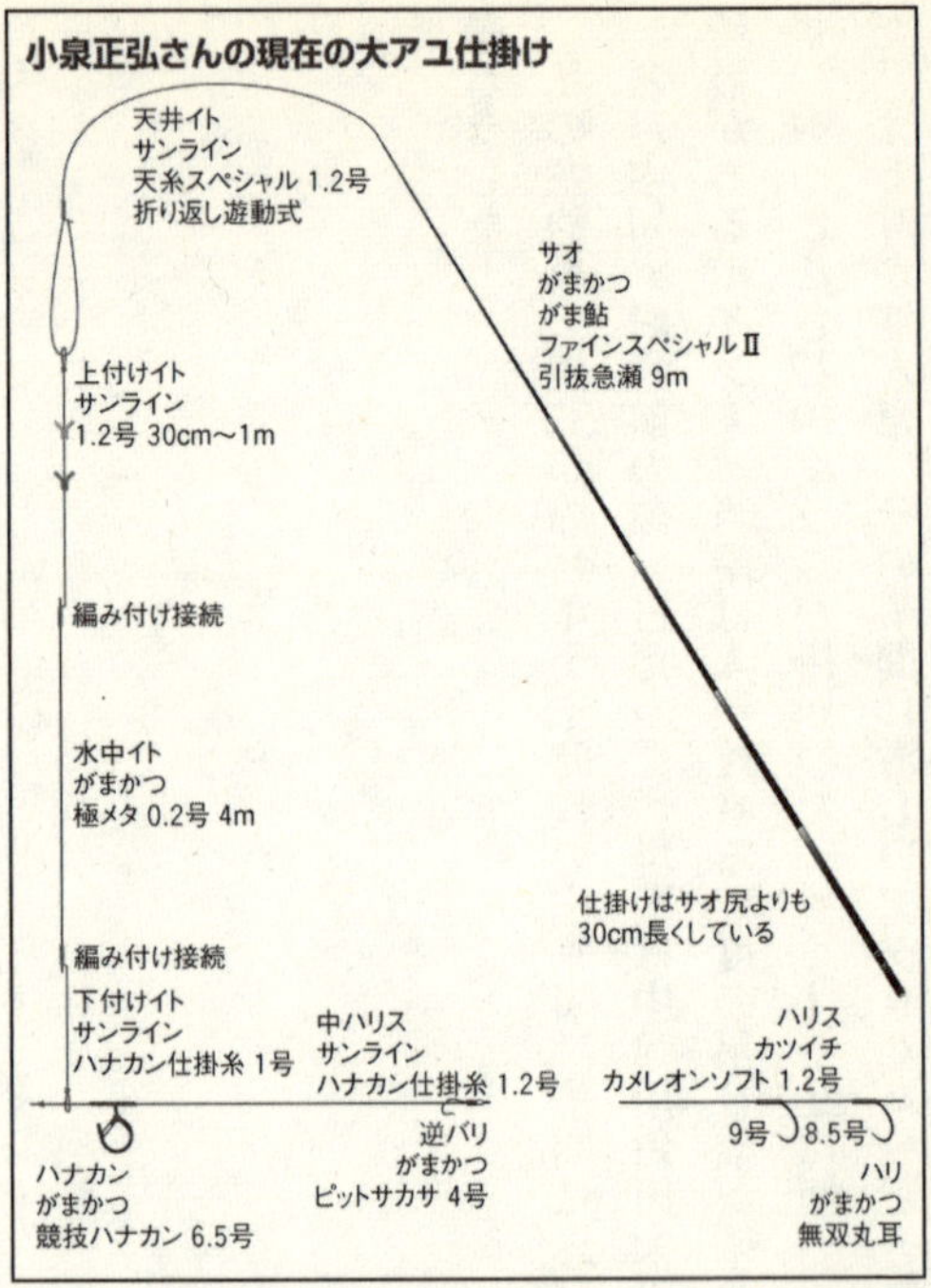
小泉正弘さんの現在の大アユ仕掛け
天井イト
サンライン
天糸スペシャル 1.2号
折り返し遊動式
サオ
がまかつ
がま鮎
ファインスペシャルⅡ
引抜急瀬 9m
上付けイト
サンライン
1.2号 30cm～1m
編み付け接続
水中イト
がまかつ
極メタ 0.2号 4m
仕掛けはサオ尻よりも
30cm長くしている
編み付け接続
下付けイト
サンライン
ハナカン仕掛糸 1号
中ハリス
サンライン
ハナカン仕掛糸 1.2号
ハリス
カツイチ
カメレオンソフト 1.2号
9号
8.5号
逆バリ
がまかつ
ピットサカサ 4号
ハナカン
がまかつ
競技ハナカン 6.5号
ハリ
がまかつ
無双丸耳

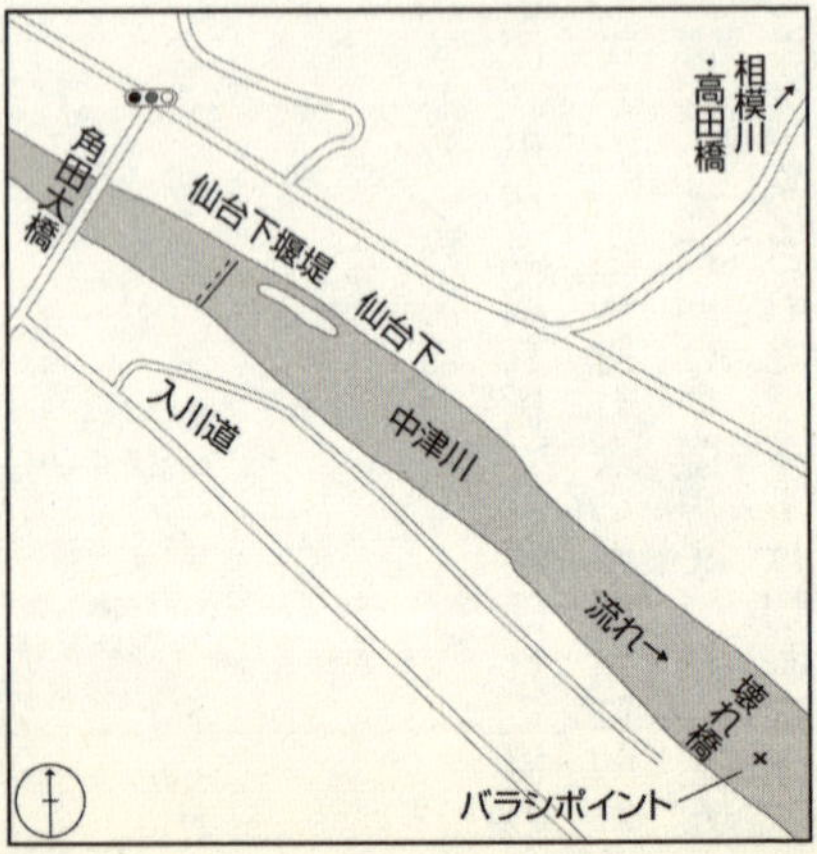
相模川・高田橋↗
角田大橋
仙台下堰堤
仙台下
入川道
中津川
流れ→
壊れ橋
バラシポイント

た。しかし、大アユ釣りの面白さに目覚めたきっかけにもなった。

当時、昭和50年頃の仕掛けを思い起こしてみる。竹ザオの6・3mにイトは0・8号ナイロンの通し、手尻を1m取り、目印は山吹の芯、逆バリは使用せず、ハナカンより吹き流し、オモリは常時使用、ハリは『矢島』のヤナギ。主な釣法は瀬の引き釣り。当時泳がせ釣りをする人は見られなかった。取り込みは引き寄せが100%、引き抜きをする人は皆無であった。

私の師匠は相模川の半漁師であった関係で、私の釣法は瀬の引き釣りである。余談だが、昭和32年頃、アユの買い値は1尾30円程度。ラーメンが30円、高卒の初任給が8000円の時代であった。なお、私が友釣りを始めた昭和50年頃の相模川では川でアユの買い取りは行なわれていなかったと思う。

●原因は――

時が過ぎ、サオは長くて軽いカーボンになった。メタルラインも登場する。立てザオによる泳がせ釣りがあっという間に全国を席巻した。それでも私は頑固に引き釣りの楽しさを追い求め、それなりに技術も備わった。

引き釣りでは「のされる」トラブルがつきものだ。私の場合、オトリを下流に送り込んでから、ベタザオで上流に引き上げる。この送り込みの時点で掛かれば当然下ザオでのやり取りになり、のされる確率が高まる。端的にいえば、前もってアユが掛かるポイントを想定できればのされることは少なくなる。ねらいどころに対して下ザオにならない位置に立てる。仮に下ザオで掛かっても落ち着いたやり取りができるだろう。

●この経験を活かして

さて瀬での「のされる」は引き釣りにおける宿命であり、スリルでもある。この問題は、アユの大きさと流れの強さに比例する。対処方法は一家言持ち合わせている向きも多いと思うが、私なりの対応を述べたい。

大事なことは野アユが掛かった時に下ザオであれ、上ザオであれ、掛かってもすぐにサオを立てないこと。私の感覚では5秒くらい掛かりアユを川底に止めることに専念する。ベタザオで上流方向に力を入れ、引きに耐える、サオの弾力が活きる角度を保つ。万が一、アユが止まらずサオの弾力が効かない事態になると考えられる時は、すばやく下流に数歩走り態勢を整える。その時もベタザオにし、弾力を活かす。下流の流れの緩い場所に向かってゆっくりと下り、アユを岸方向に引きながら寄せる。抜くのではなくタモに吊るし込んで取り込むのが確実だ。

竹ザオ穂先のすっぽ抜け事件から30余年。2009年、相模川上流部の上大島、葉山地区において、尺アユが釣れていると情報が入った。お盆過ぎ、平日の午後1時頃、「上大島の一本瀬」の左岸、瀬肩よりやや下流の所に立っていた。午後3時からが勝負とみて、それまでに25㎝くらいのアユを2~3尾確保できればと期待を胸にサオをだした。運よく3時過ぎには23㎝と25㎝を手にして

昨年人生最大のアユを釣った上大島の一本瀬

いた。

4時近く、早瀬の瀬落ちに25㎝のオトリを送り込んだ。その瞬間にゴツン！一息入れて強い引き、サオはベタ、重い引きに耐えて10秒くらい経つ。大アユが流れに乗って走らないようにベタの上ザオを保ちつつ、岸寄りに引きながら下流にゆっくり下り、緩やかな場所に寄せた。この場所で、左手でイトをつかめる位置に寄せては走られを3回ほど繰り返したが、なんとかタモに納めた。ビギナー時代の経験が活かされた一幕であった。なお、取り込んだのは泣き尺29・1㎝。私の友釣り人生で最大のアユとなった。

Episode 32.

山梨県／富士川

イメージトレーニングが足りず…。

市川　洋

1967年生まれ。山梨県甲斐市在住。日本渓流釣連盟・甲府渓友会所属。ホームグラウンドは山梨県の釜無川。盛夏限定の大アユ釣りに燃える。これまで釣った最大のアユは、山梨県富士川で手にした30.7㎝。

●バラした！

富士川は、日本三大急流のひとつに数えられる急流河川。昔ほどその荒々しさはなくなったが、瀬の中で大アユが掛かれば一歩も下ることができない荒場が多い。そんなわけで、「逃した魚は大きかった……」という経験は毎年のことである。そのたびに悔しい思いをしているので、私的には特筆すべき出来事ではないのだが……。

２００５年のこと。その年の富士川は天候に恵まれアユの生育も良好だった。７月にすでに28㎝

を超える大アユが釣られていたほどである。しかし、7月の後半から8月の頭にかけて襲来した台風7号や連日の集中豪雨の影響でなかなか濁りが引かない。お盆を過ぎてようやくサオがだせる状況になった。

8月20日午前9時。富士川橋下流通称洞門前。このポイントは橋下の大トロから一気に流れが絞られ、水深がある一本瀬から平瀬へとつながっている。まずは瀬肩で尺アユをねらうオトリを確保。いつものように養殖オトリに3号玉2つを背負わせて引く。すぐさま、尺をねらうのにはうってつけの野アユを取ることができた。

次いで、生きのよいオトリを何尾か確保できたので右岸に渡った。目差すは尺アユがつく本命の一本瀬。そこにあるひと抱えほどの大石のウケ（石の前にできる緩流帯）が絶好のポイントになっているのだ。

それはオトリが馴染むか馴染まないかの、ほんの一瞬のことだった。何の前触れもなく、まるで流下物にでも引っ掛かったかのように、怒涛《どとう》のごとく流れに乗って魚は下流に疾走した。不意の走りにサオがのされそうになるのを、私は必死でこらえた、ガンガン瀬の中を、アユに引っ張られるように付いて行くのが精一杯だった。

「これ以上は下れない、ここで体勢を整えなければ」

そう思い、今にものされようとするサオを私はなんとか絞り込んだ。アユの走りを止めようとすると、一瞬、相手の疾走が止まったかのように思えた。間髪入れず、一気に抜こうとサオを立てようとした。が、掛かりアユは川底にへばり付いたかのように一向に浮いてこない。それどころか、ガンガン瀬を尋常でないスピードで下り始めた。

慌ててサオをためようとしたが、そのパワーにイトが耐えきれなかった。バシッという音とともにラインブレイク。0・3号のメタルラインがヒラヒラと宙を舞っていた。姿こそ見えなかった

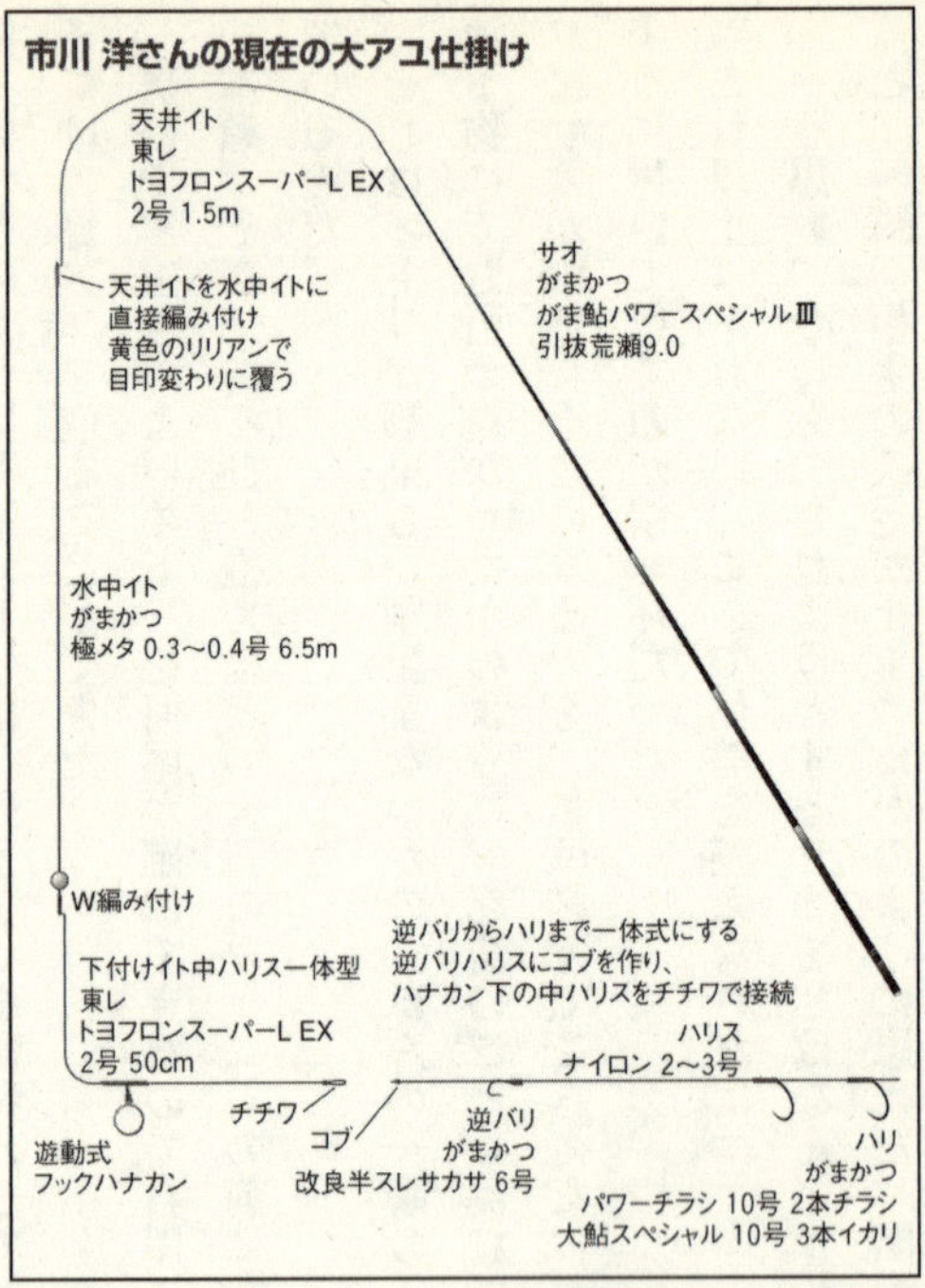
天井イト
東レ
トヨフロンスーパーL EX
2号 1.5m
サオ
がまかつ
がま鮎パワースペシャルⅢ
引抜荒瀬9.0
天井イトを水中イトに
直接編み付け
黄色のリリアンで
目印変わりに覆う
水中イト
がまかつ
極メタ 0.3～0.4号 6.5m
W編み付け
逆バリからハリまで一体式にする
逆バリハリスにコブを作り、
ハナカン下の中ハリスをチチワで接続
下付けイト中ハリス一体型
東レ
トヨフロンスーパーL EX
2号 50cm
ハリス
ナイロン 2～3号
チチワ
コブ
逆バリ
がまかつ
改良半スレサカサ 6号
遊動式
フックハナカン
ハリ
がまかつ
パワーチラシ 10号 2本チラシ
大鮎スペシャル 10号 3本イカリ
市川 洋さんの現在の大アユ仕掛け

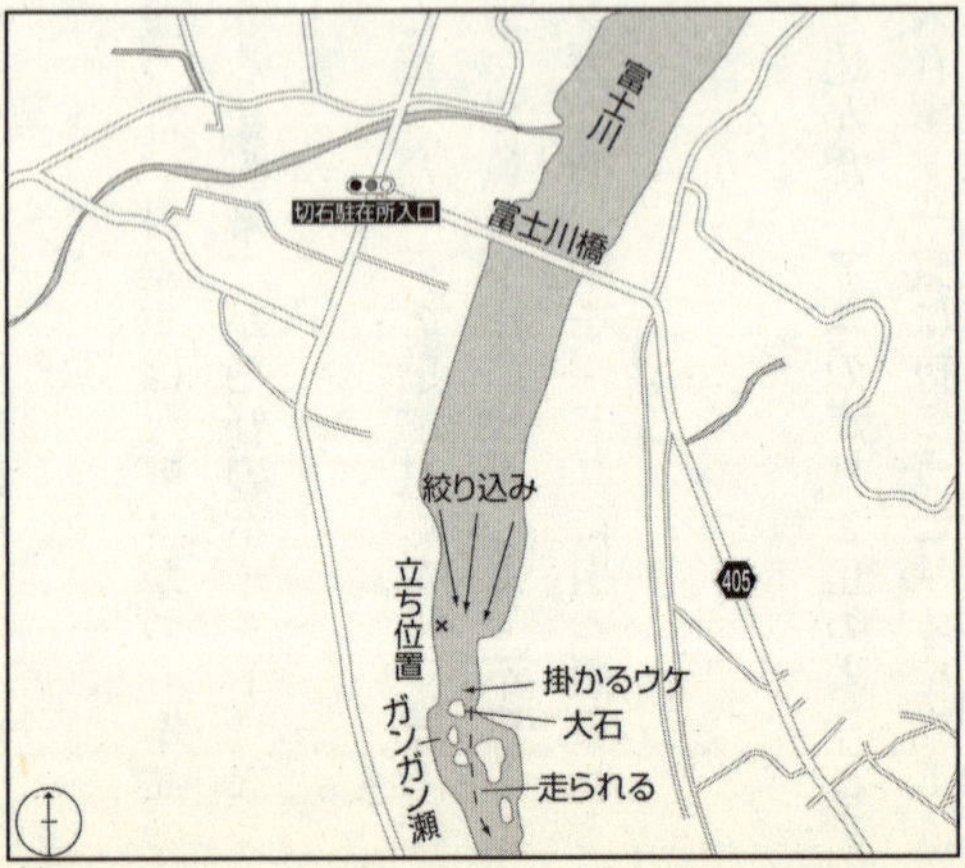
富士川
切石駐在所入口
富士川橋
絞り込み
立ち位置
405
掛かるウケ
大石
ガンガン瀬
走られる

が、まさしく尺アユの引きだった。

仕掛けを張り直し、再度同じ立ち位置に戻りオトリを送り込む。すると、オトリをポイントに送り出す途中で、ガガガガ～とサオを引ったくるようなアタリ。送り出す途中で掛かったので、じっくりハリを食い込ませるべく、ゆっくりサオを立てる。が、今度も強烈な疾走。またしても私は付いて行けず、ラインブレイクしてしまった。

●原因は――

「油断」のひと言。

普段、本流で遡上魚などの大ものを釣る場合、あらかじめ取り込み場所などを想定して釣る。これをしておくことで、終始慌てずに落ち着いたやり取りができるのだ。特に尺アユは強い闘争心と広いナワバリを持ち、そこに進入してくるオトリに矢のごとく突進してくるといわれる。そのため、常に「ここで掛けて、ここで抜く（取り込む）」という意識のもとに、オトリを送り込むことが大切なのだ。今回はそれを怠ったため、突発的な走りに対処できず、慌ててしまった。それで大ものをバラしてしまったのである。

●この経験を活かして

それから3日後の8月23日、午前8時半。前回の悔しい思いから同じポイントに立った。

山梨県は連日32℃を超える猛暑で、水温も28℃に達する日が続いていた。だがその日は珍しく、今にも雨が降りそうな好条件であった。

水深は2m以上。白泡立つガンガン瀬に沈む大石のウケめがけて、あらかじめ取っておいたオトリを前回同様送り込んだ。オトリが流れに馴染んだ瞬間、コツッ!という小さなアタリとともに、またも掛かった大ものは一気にオトリアユを背負い上流へ走る。アユの動きに合わせ、さらに深くハリを食い込ませるように上流に向かってサオを絞り込む。相手はその瞬間、今度は下流に疾走する。だが私はゆっくりと落ち着いてサオを寝かせながら付いて行き、走りを止めることができた。体勢を整えた後、あらかじめ決めておいた場所で引き抜いたのは、尺（30・3㎝）には及ばなかったがジャスト30㎝の見事な大アユだった。

Episode 33.

東京都／多摩川

水温が高すぎる…。

小峰和美

1948年生まれ。東京都あきる野市在住。遊技会会長。秋川のオトリ店『舘谷売店』を営む。ホームグラウンドは秋川。昔は大アユシーズンになると和歌山県日置川、岐阜県長良川など各地へ遠征。人生最大のアユは秋川で釣った32cm、370ｇ。

●バラした！

平成21年8月20日過ぎ、多摩川本流域で尺アユが連日あがっているという情報が入った。しかし、ほとんどは２５０ｇから２７０ｇのオスということで、私は少し時期を置いて出かけることにした。私の経験ではオスがいるうちは魚が多い証拠であり、メスの尺アユは産卵を控えてから釣れ出すためだ。それに9月10日前後が最大のチャンスというデータもある。

9月6日、多摩川永田橋上流に朝6時30分に到着。ハミ跡はない。朝からサオをだせどもオデ

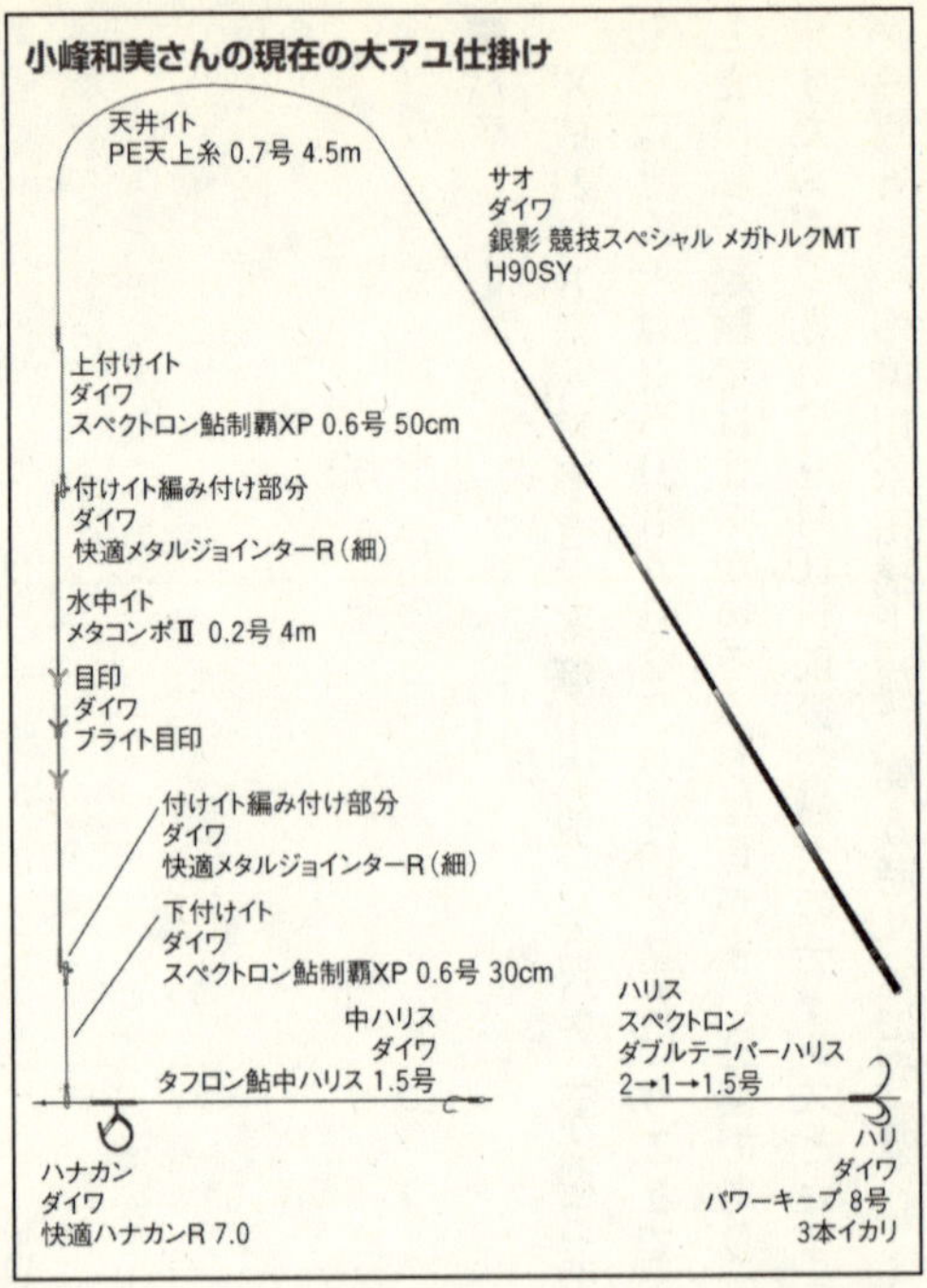
小峰和美さんの現在の大アユ仕掛け
天井イト
PE天上糸 0.7号 4.5m
サオ
ダイワ
銀影 競技スペシャル メガトルクMT
H90SY
上付けイト
ダイワ
スペクトロン鮎制覇XP 0.6号 50cm
付けイト編み付け部分
ダイワ
快適メタルジョインターR（細）
水中イト
メタコンポⅡ 0.2号 4m
目印
ダイワ
ブライト目印
付けイト編み付け部分
ダイワ
快適メタルジョインターR（細）
下付けイト
ダイワ
スペクトロン鮎制覇XP 0.6号 30cm
中ハリス
ダイワ
タフロン鮎中ハリス 1.5号
ハリス
スペクトロン
ダブルテーパーハリス
2→1→1.5号
ハナカン
ダイワ
快適ハナカンR 7.0
ハリ
ダイワ
パワーキープ 8号
3本イカリ

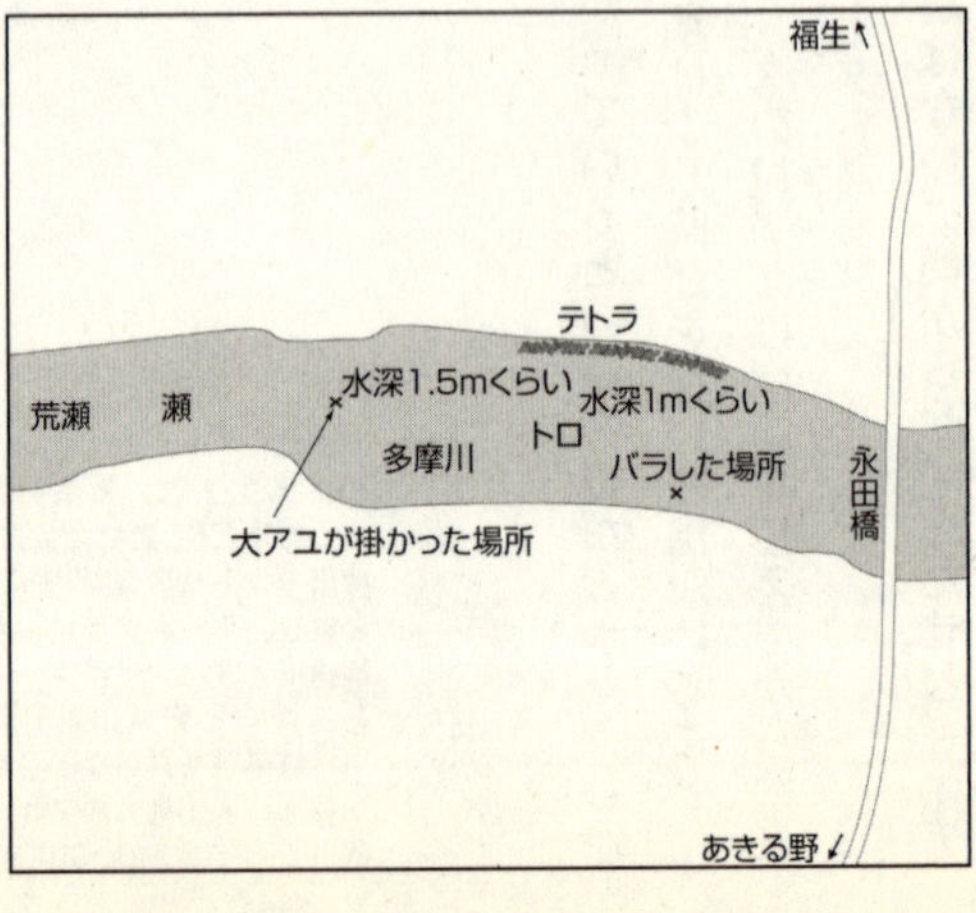
福生↖
テトラ
水深1.5mくらい
水深1mくらい
荒瀬
瀬
多摩川
トロ
バラした場所
永田橋
大アユが掛かった場所
あきる野↙

コ。10時半を回ってようやく1尾目をキャッチした。いきなり25㎝から27㎝が3連続ヒット。イトはダイワ『メタコンポⅡ』0・15号、サオは強竿と呼べるサオを用意したが、止まらないアユがいた。ガツーンという衝撃の後、まるで人間を引き上げるかのようにオトリを背負って上流に走る魚。すると浮き上がってギラリと光ったかと思えばズドーンと下流に突っ走った。サオを絞り込んだところで痛恨のバラシ。一瞬浮き上がった魚体は、尺を超えているようだった。

●原因は——

川はお湯のように水温が高く、掛かったアユを引き舟に入れるとほとんどオトリに使えなくなった。養殖もやり取り次第ですぐにギブアップ。まるでオトリが循環しない状況下におかれたのである。このほかハリもイトもサオもマッチしていなかった。すべてが普段の釣りを少し変えた程度だった。それが甘かった。

●この経験を活かして

翌日は養殖オトリを10尾用意した。オトリ缶も2つ用意して川に持参した。23～27㎝の背掛かりアユならすぐに掛かる。魚を分けて入れ、ビッグサイズが掛かりそうなポイント、時合で使うことにする。クーラーボックスも河原まで運ぶ。重いので磯釣り用のカートを持参した（笑）。

スタート。やはり10時半まではオデコ。掛かる時合があるのだろう。それから25㎝、29㎝を3尾取り込んだ。4尾目、ついに来た。4年ぶりの尺アユだ。緊張するがうれしいものである。30㎝、270g。その後も数尾掛けるが27㎝までの天然はオトリアユとしてすかさず使うが、まるでウルトラマンのごとく3分間だけよい泳ぎをする。そしてその3分間で掛かるアユは大きいのである。夕方の大型タイムに、よいアユをいくつか残しておく。

近年、都民のオアシスが尺アユ有望釣り場になっている。写真は秋川だがこちらも大アユが出る

5時30分。秋の日はつるべ落とし。すでに辺りは薄暗い。ここで29㎝をオトリにすると、すぐさま掛かった。すごいパワーにサオを持つ手に緊張が走る。束釣りよりも尺アユを取るほうが難しい。ゴルフのホールインワンに匹敵する。1日2尾の30㎝オーバーに挑戦。しかも都民のオアシス多摩川で。辺りが暗くなったせいで魚が見えづらい。水面に大きな背が盛り上がった。引き寄せてすくい込む。タモに横たわっていたのは、31・5㎝、320g。喜びでみんなに電話をし、その夜はドンチャン騒ぎである。

この日は『メタコンポⅡ』0・2号を張り、ハリは『パワーキープ』8号の3本イカリ。4本イカリだとバレ、ケラレがすごく多い。初日は先調子のサオだったがこの日は胴調子のダイワ『銀影競技スペシャル　メガトルク』H90SY、急瀬タイプを使用したのが取り込めた要因のひとつ。

その後もほぼ毎日尺アユをねらい続け、25㎝以上は50尾、尺アユは6尾取り込んだ。当然バレはゼロ。周りで尺上を2尾以上釣った人は数も多く釣っている。尺アユヒットの確率を高めるには、実績ある場所で数を釣り続けることにある。

Episode 34.

秋田県／玉川

仕掛けもサオもパワー不足…。

菊池千秋

●バラした！

12年ほど前のこと。私はアユ釣り名手たちが集うイエローガイズというグループに入っていた。会では1ヵ月に1回ほど、『イエローガイズ』という会報誌が発行されていた。「イエローガイズ大物ダービー」という企画があったが、私は端から諦めていた。名手たちが居並ぶ中で、大アユだなんて無理だと思ったのである。

その頃人気が出始めていたのが雄物川水系の玉川、桧木内川の両エリアと、岩手県雫石川。私の

1954年生まれ。『KIKI-HOUSE ROD & GAN CLUB』主宰。ホームグラウンドは雫石川と玉川水系。「ワカサギからマグロまで」をモットーにさまざまな釣りをする。『にゃにゃぷす』(http://www.geocities.jp/kiki48h)という、うんちく話満載のホームページを展開中。人生最大のアユは玉川で釣った28cm。

ホーム河川である。この3河川は、数釣りはできても大ものの期待できなかった。その年の春、雄物川水系でアユの遡上を確認しに行った。例年5㎝くらいの天然アユがダンゴになっているのだが、まるで姿が見えない。そして案の定、そのシーズンは不漁だった。

しかし私はかすかな期待を抱きつつ友釣りに何度か出掛けた。だが川の中の石は曇ったままで、アユは掛からない。私も含め皆が諦めたお盆も過ぎた頃。ダメモトで私は玉川の開という地区に入った。そこは下流に大きな淵が控えており、その上は長い瀬が続いている。中ほどに「瀬落ちの瀬棚」という絶好のポイントが形成されていた。

私はこういうポイントで威力を発揮する遊動ハナカン背バリ仕掛けをチョイスした。先径2・2㎜の剛竿を手に、オトリを送り出す。ほどなくしてピンという、軽いが鋭い感覚が手に伝わった。「おかしいなぁ」と、オトリを寄せてみる。すると0・8号のハリスがハリス止メの部分で千切れていた。

これではアカンということで、ハリスを1号にサイズアップ。すると今度は、ガンッというアタリが来た。同時にギュイーンとサオがのされて、ナイロン0・25号の水中イトとの連結部分から親子ともどもサヨウナラ。これを立て続けに4回も……。

手持ちのオトリがなくなった時点で「この仕掛けじゃ、全くお話ならないな」と、私は完敗を認めた。

●原因は――。
仕掛けの改善が必要なのは明らかだった。だが中途半端にイトの太さを上げて泣きをみた経験があった。そのため水中イトは金属イトの0・3号にした。ハナカン周りの中ハリスは2号のフロロカーボン。さらにハリは長良の10号のチラシという巨アユ用の仕掛けにサイズアップした。もちろ

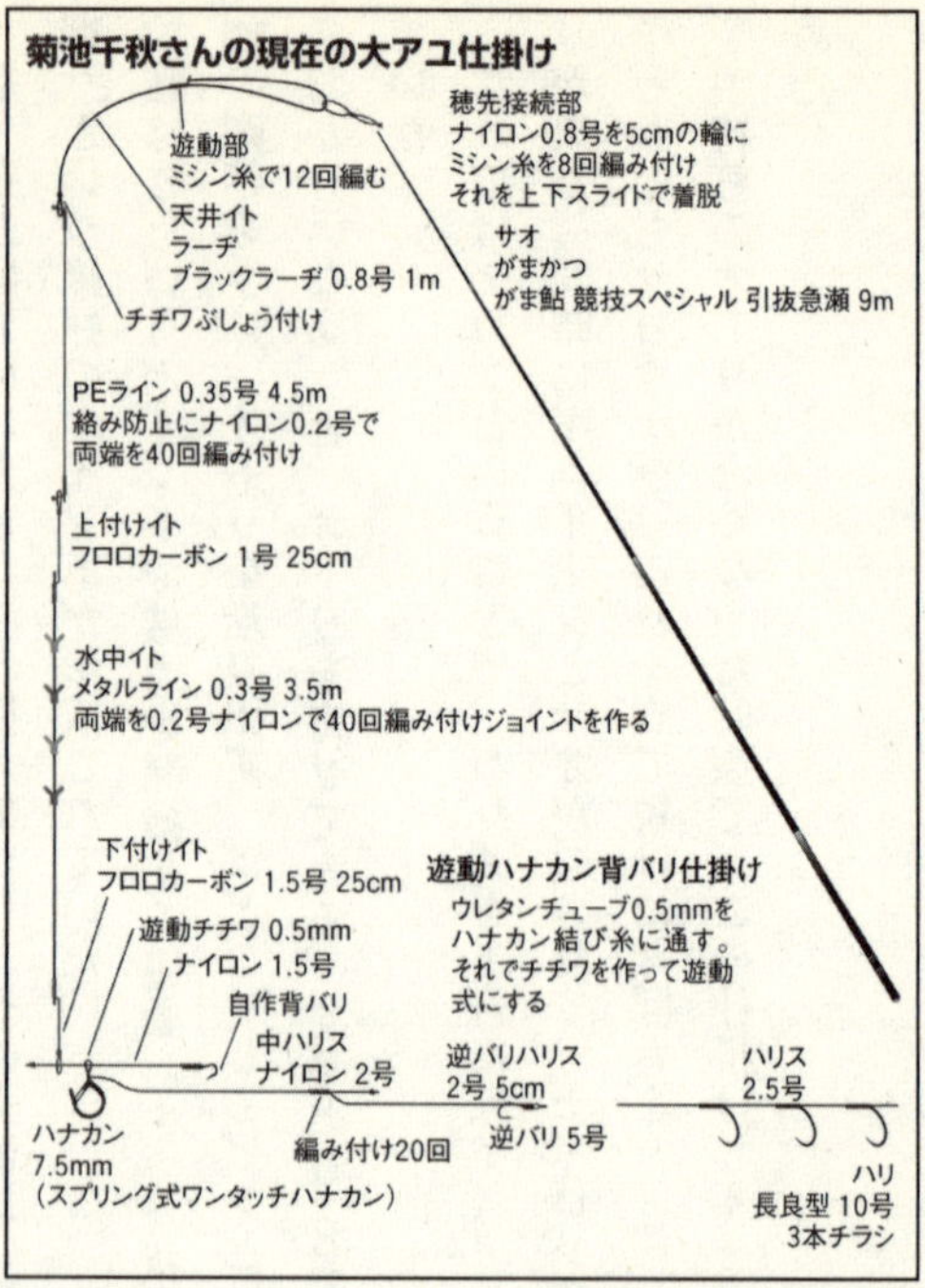
菊池千秋さんの現在の大アユ仕掛け
穂先接続部
ナイロン0.8号を5cmの輪に
ミシン糸を8回編み付け
それを上下スライドで着脱
遊動部
ミシン糸で12回編む
天井イト
ラーヂ
ブラックラーヂ 0.8号 1m
サオ
がまかつ
がま鮎 競技スペシャル 引抜急瀬 9m
チチワぶしょう付け
PEライン 0.35号 4.5m
絡み防止にナイロン0.2号で
両端を40回編み付け
上付けイト
フロロカーボン 1号 25cm
水中イト
メタルライン 0.3号 3.5m
両端を0.2号ナイロンで40回編み付けジョイントを作る
下付けイト
フロロカーボン 1.5号 25cm
遊動ハナカン背バリ仕掛け
ウレタンチューブ0.5mmを
ハナカン結び糸に通す。
それでチチワを作って遊動
式にする
遊動チチワ 0.5mm
ナイロン 1.5号
自作背バリ
中ハリス
ナイロン 2号
逆バリハリス
2号 5cm
ハリス
2.5号
ハナカン
7.5mm
(スプリング式ワンタッチハナカン)
編み付け20回
逆バリ 5号
ハリ
長良型 10号
3本チラシ

角館
桧木内川
玉川
105
羽後長野
開の一本瀬
玉川
秋田新幹線
13
雄物川
大曲
大曲IC↓
0
2km

ん遊動ハナカン背バリ仕掛けである。オトリは地元の方の協力を仰ぎ、5尾確保した。

●この経験を活かして

舞台は玉川の開の一本瀬。「瀬落ちの瀬棚前」に陣取り、朝一発目のオトリを送り出す。川の中ほどにある大石の脇をかすめるあたり。そこにオトリが差しかかると目印が上流にすっ飛んだ。掛かりアユが上流にいる間にサオをためる。ほどなくアユの遁走《とんそう》が始まった。先径2・2㎜の剛竿も満月だ。延々と一本瀬を下り、淵頭で引き寄せた。ようやく袋ダモに収まったのは丸々と肥えた26㎝。

これをオトリにして急瀬の中を徐々に引き上げようとした。だが、サオがグンニャリ曲がったままで思うように引けない。そこで、がまかつの『がま鮎 競技スペシャル』引抜急瀬にチェンジ。これも先径は2・2㎜だが、26㎝のオトリを上手くコントロールできた。

サオに感心している間もなく、またもガツンというアタリが来た。急瀬の中をスーッと目印が上がっていく。サオ角度を保ちつつ手前に寄せる。ようやく取り込んだのが25㎝の良型。

その魚をオトリにすると、押しの強い瀬をものともせず横切っていく。途中、大石で囲まれたヨドミに差し掛かると、目印が吹っ飛んだ。向こう岸へと逃れようと野アユはダッシュする。そうはさせじと頑張るが、主導権は相手にあった。サオの角度を気にするがどうにもならない。

ここで掛かりアユが反転して下流へ向かった。必死に付いて行くと、下流の淵頭で寄せたり離されたりの攻防が始まった。ようやく取り込んだのが28㎝。これが私の自己記録となる魚だった。後で見るとハリが開いてしまっていた。

この後、28㎝を頭に25㎝までのアユが17尾。一本瀬を下ったり上ったりで、10尾目あたりから身体がガタガタであった。

この魚を『イエローガイズ』の会報誌に申告すると、なんと優勝してしまった。考えてみると、名手たちは大アユをねらってはいなかったのである。トーナメントを勝ち抜くためには、数釣りこそが大切だったようだ……。

最後になったが大アユを手にできた勝因は、大ものを瀬で引けるサオをチョイスしたことと、それに見合う太いイト。そして遊動ハナカン背バリ仕掛けに尽きると思う。

Episode 35.

高知県／吉野川

長ザオか、短ザオか…。

内山顕一

1956年生まれ。高知県高知市在住。『清流めぐり利き鮎会』を主催する高知県友釣連盟代表理事長。ホームグラウンドは仁淀川、四万十川、物部川。人生最大のアユは吉野川で30.5cm。

●バラした！

四国三郎と呼ばれる吉野川は、愛媛県石槌山系の瓶ヶ森1896mに源を発し、高知県・徳島県を横断して紀伊水道に注ぐ四国最大の河川である。特に、高知県内では四国山脈の中央部を縦断するため激流渦巻く奇岩怪石の流れが続き、その流れの底には巨アユが棲んでいる。

平成13年は吉野川の大アユブームで、どこの瀬でもコンスタントに27～28cmが釣れていた。私はOさんとふたりで土佐岩原駅前の瀬に出かけた。岩原駅前はトロ、段々瀬、ヒラキと好ポイントが

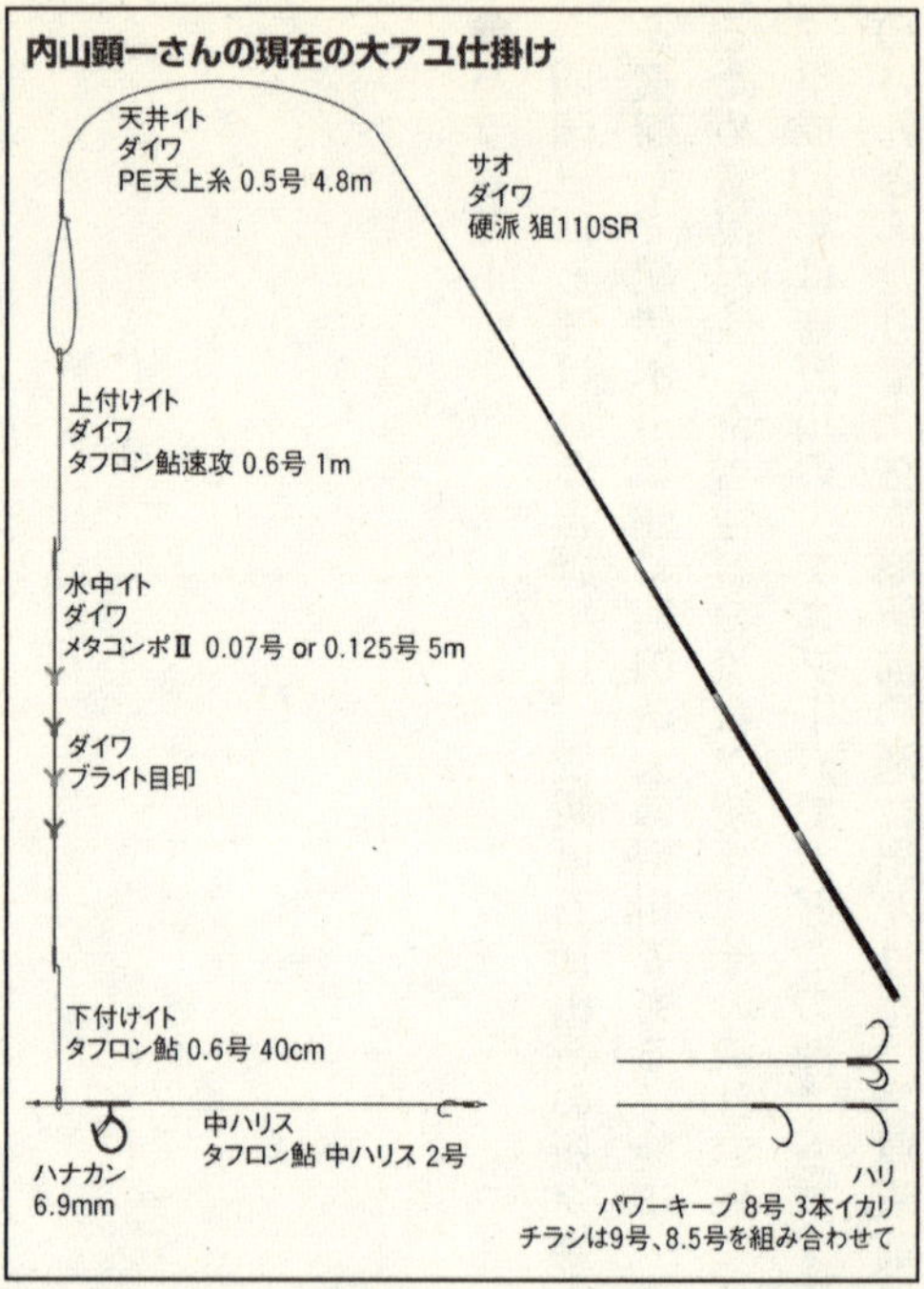
内山顕一さんの現在の大アユ仕掛け
天井イト
ダイワ
PE天上糸 0.5号 4.8m
サオ
ダイワ
硬派 狙110SR
上付けイト
ダイワ
タフロン鮎速攻 0.6号 1m
水中イト
ダイワ
メタコンポⅡ 0.07号 or 0.125号 5m
ダイワ
ブライト目印
下付けイト
タフロン鮎 0.6号 40cm
中ハリス
タフロン鮎 中ハリス 2号
ハナカン
6.9mm
ハリ
パワーキープ 8号 3本イカリ
チラシは9号、8.5号を組み合わせて

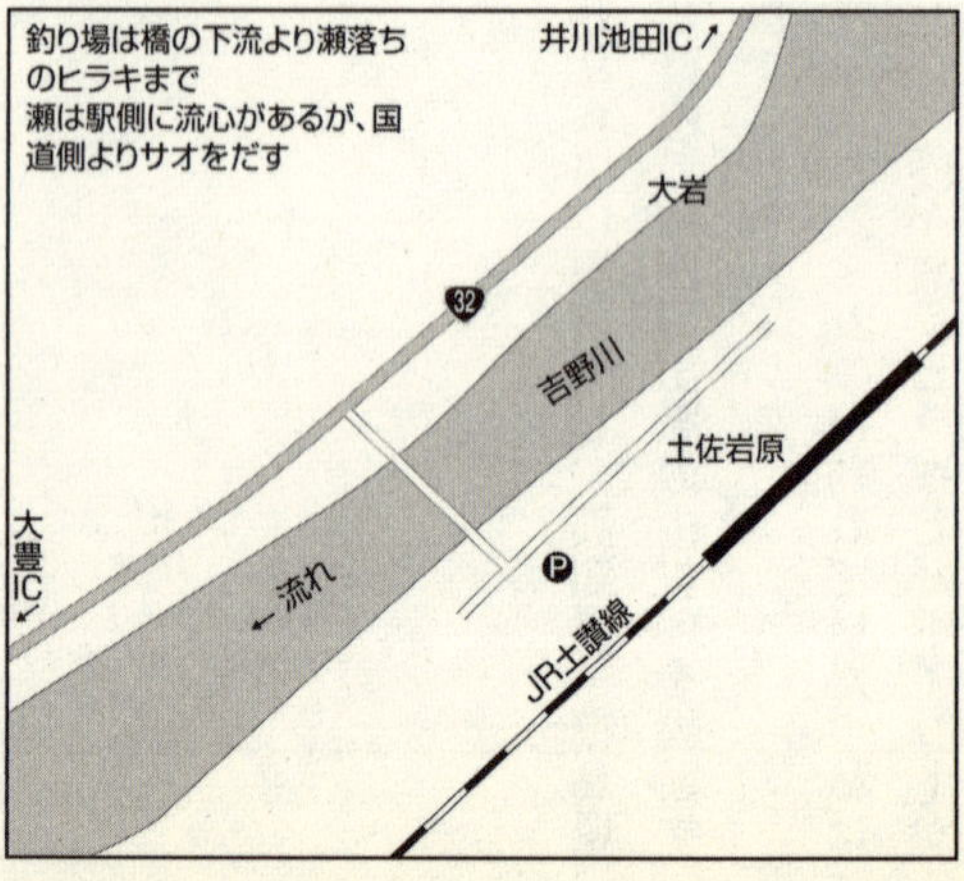
釣り場は橋の下流より瀬落ち
のヒラキまで
瀬は駅側に流心があるが、国
道側よりサオをだす
井川池田IC↗
大岩
32
吉野川
土佐岩原
大豊IC↙
←流れ
P
JR土讃線

連なっている。底石は荒くひと抱え以上の大きさ。段々瀬に入ると野アユに付いて下ることができず、その場で取り込むほかない。当日は瀬肩のトロに大アユが見えていた。トロ場からサオをだすことになったが、2人の仕掛けはまるっきり正反対だった。

Oさんの仕掛けは、サオ11m中硬硬、水中イト金属0・07号、付けイト0・4号、ハナカン周り

1号、ハリ7号4本イカリ、ハリス1・2号。とても大アユ仕掛けとはいえない。しかし彼は細イト使いの名手で0・03号の金属イトでも大アユを取る。

対して私はサオ9・5m硬調、水中イト複合メタル0・2号、付けイト0・8号、ハナカン周り1・5号、ハリ9号と8・5号のチラシ、ハリス2号。超がつくほどの頑丈仕掛けで挑む。

瀬肩ではOさんが2尾掛けて2尾取り込み、私も2尾で同数。次の瀬に入るとOさんが5尾掛け、親子ドンブリ含め3尾放流し2尾追加、私は2尾掛けて2尾追加。さらに場所を変えて『ミズノの瀬』ではOさんはドンブリ含め3尾放流し4尾追加、私はバラシなく4尾追加となり、当日の結果は8対8の同数となった。Oさんにバラシがなければ完敗だった。

●原因は――

サオが届かないサラ場が多い大河川では長いサオがよく掛かった。しかし取り込みではサオが軟らかいのでいくらためてもアユが寄ってこず、身切れやバラシが多く発生した。サオは短いが胴に乗るしっかりしたサオの私は、取り込みに苦労することなく掛ければ取り込めたが、掛ける数では長ザオにかなわなかった。

●この経験を活かして

やはり掛けるには長ザオか？　と思い九州の球磨川で行なわれた大アユ釣り大会にその11mを借

りて出場した。しかし結果はとてもいいたくない結末となった。アユは数尾掛ったものの、大アユが掛かるとためていても全く寄ってこない。サオを倒すと一気に下流に走られ、他の選手の邪魔になって寄せられない。抜こうにもサオに力がなく不可能。イトを手繰ろうにも細イトの金属なので手に触れた瞬間に切れるだろうし、ただサオが曲がるだけで何もできない。最終的には下流の選手を何人もかき分けやっとの思いで取り込んだのが28㎝である。しかし、せっかくの天然アユは疲れて泳がない。そのうえもといた一等地のポイントは他の選手が入って釣っている。弱ったオトリに望みをつなぎ送り出すと、今度はニゴイのアタックでサオはアメのように曲がり、対岸まで達しさらには300mの瀬を下流へと引っ張り回され、最後はイトが飛んですべてが終了した。

長いだけのサオでは大アユに対抗できないことを身をもって体験した。

その後、大アユ釣りで長ザオへの魅力は感じるが、持ち重り感などがいつも心に引っ掛かってしっくりとこない。しかし今年（2010）エントリーされた11m、ダイワ『硬派 狙』110SRは、9mや10mのサオと全く変わらない細やかな操作が可能だった。さらにそのパワーは26～27㎝のアユをいとも簡単に抜き上げる力があった。それに加えて長ザオなので、細イトを使ってもサオのタメがカバーする。0・07号の複合メタルで27㎝＋27㎝が簡単に取り込めるのにも驚いた。

今年はこのサオで吉野川岩原駅前の28㎝を超える大アユにO さんと再挑戦するつもりでいる。ただし長ザオは風に弱いことを考慮していただきたい。

Episode 36.

岐阜県／長良川

仕掛けのチェックを怠って…。

白滝治郎

1958年1月生まれ。岐阜県郡上市在住。中部銀影会所属。ホームグラウンドは、眼前を流れる長良川。今までに釣ったアユの最大サイズは、今回の記事で紹介した岐阜県長良川での29.5㎝である。

●バラした！

2007年からの3年間、長良川は未曾有《みぞう》の天然遡上に恵まれた。川にはあふれんばかりのアユがひしめき、釣れるアユも小型の傾向があった。お盆を過ぎて大アユの季節が来てもせいぜい25㎝止まり。長良川は古くから職漁師の稼ぎ場として有名だが、そう簡単に尺超えの大アユが出る川ではない。

ところが2006年は大アユに沸いた年であった。この年はアユの遡上が少なく、放流したアユも度重なる増水で数が減った。残ったアユはぐんぐん大きくなっていったのである。
そして9月の下旬、ちょっとした増水があって、水位が下がり始めた日のこと。自宅前の長良川、通称「道満」から下流の「大矢淵」へ釣りに出掛けた。高水だったのでサオはダイワ『銀影競技メガトルクⅡ』で、水中イトはメタルの0・7号。オモリをかませて釣っていた。

白滝治郎さんの現在の大アユ仕掛け

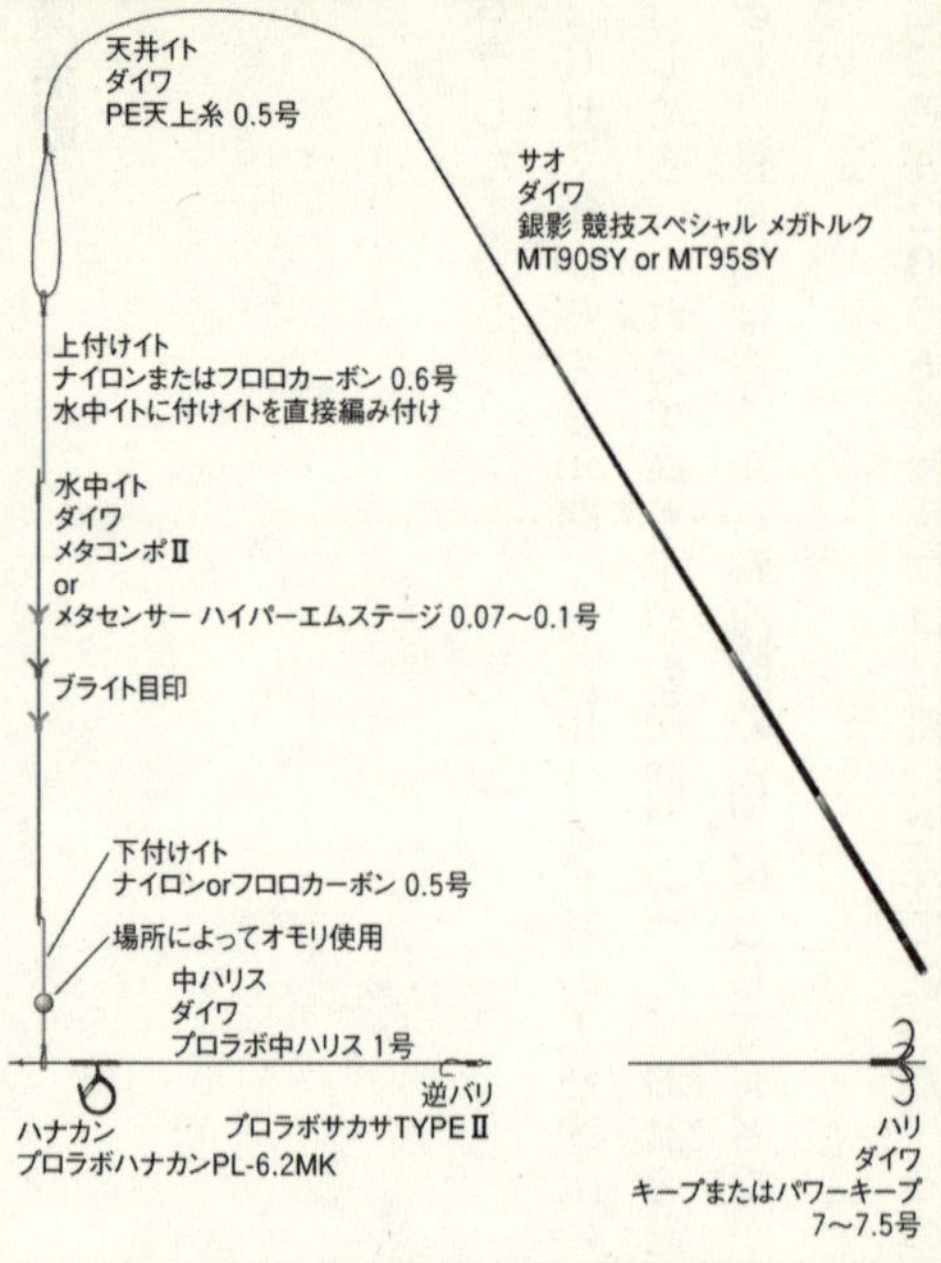
天井イト
ダイワ
PE天上糸 0.5号
サオ
ダイワ
銀影 競技スペシャル メガトルク
MT90SY or MT95SY
上付けイト
ナイロンまたはフロロカーボン 0.6号
水中イトに付けイトを直接編み付け
水中イト
ダイワ
メタコンポⅡ
or
メタセンサー ハイパーエムステージ 0.07～0.1号
ブライト目印
下付けイト
ナイロンorフロロカーボン 0.5号
場所によってオモリ使用
中ハリス
ダイワ
プロラボ中ハリス 1号
逆バリ
プロラボサカサTYPEⅡ
ハナカン
プロラボハナカンPL-6.2MK
ハリ
ダイワ
キープまたはパワーキープ
7～7.5号

道満
長良川
バラシポイント
テトラ
瀬
東海北陸自動車道
長良川鉄道
156
トロ
報徳橋
大矢淵
瀬

僕は瀬肩から釣り始めたが、周りの釣り人は高水で岸寄りしか釣っていなかった。そのため僕は胸まで浸かって流心を探った。ポツポツと掛かるアユは22㎝クラス。たまに25㎝が混じり、高水とあいまってよく引いた。

十数尾釣ると引き舟の中でアユがゴソゴソし始めたので、いったんオトリ缶にアユを移した。そして淵のサモト（瀬落ち）へ移動して釣ることにして仕掛けを点検した。大アユ用に太めの付けイトを使っていたが、オモリをかませるあたりが少し擦れて白くなっている。だが「0・5号だし、いいや」と思い、そのまま釣りを続行した。

岸からオトリを送り出し、流れに馴染んだと思ったその時だった。ゴソゴソッとした小さなアタリが出て反射的にサオを絞込むと、一気に仕掛けが流れをさかのぼり始めたのである。瀬落ちから上流の瀬へとグングン上って行く。負けまいとサオを絞る手に力を込めると、今度は流れに乗って下流へ走った。引き舟を外し付いて走るものの、アユは徐々に流心へ向かっていった。

「もうこれ以上立ち込めない……」

ぎりぎりの所まで引っ張られたが、そこでなんとか魚は止まった。今度は根比べである。流れから引き出そうとしたが、アユは川底から離れようとしない。それでもしばらくやり取りしていると、徐々に寄って来た。やがて23㎝のオトリを引きずり回す大アユの姿が見えたのは、掛けてから数分が経過した時だった。その姿に一瞬ビビッたが、おそらく僕の大もの記録になるであろう大アユの姿にふたたび闘志が湧いてきた。

慎重に、ある時は大胆に。サツキマスとの勝負で培ったノウハウを頭に巡らせ、必死にやり取りをした。

しかし……。仕掛けに手が届きそうになった時、取り込みに迷いが生じた。付けイトをつかむか？ ハリスをつかむか？ そのまま川原に引きずり上げるか？ 僕の後ろは岩盤で、引きずり上げることはできない。ハリスに手を伸ばそうとした、その時だった。張り詰めていた仕掛けの緊張が解け、目印が宙に舞ったのだ。

●原因は——
切れた仕掛けを点検すると、付けイトのオモリをかませたあたりで切れていた。まさに「後悔先に立たず」である。

脱力感で川を上がろうかなとも思ったが、気を取り直して仕掛けを張り替えた。二度と同じ失敗をしない——。悔しさを抑え込み、そう胸に誓った。

●この経験を活かして
仕掛けは、まずハリはワンランクアップして7・5号にした。同じポイントで25㎝クラスが来たので、これをオトリにして送り出すと今度は一気に引ったくるようなアタリが出た。仕掛けは張り

自己記録の 29.5㎝。この幅広アユが流れに乗って加速すると……

替えたばかりだったので自信を持ってやり取りできた。最後はハリスをつかんで、無事にタモに入れた。僕の手のひらで握りきれないほどのボリュームのそれは、29・5㎝、340gの大アユだった。25㎝のオトリが子どもに見えたことを覚えている。

この魚はもちろん僕の最大記録。でも「逃がした魚は尺超えだったかも？」と、うれしさ半分、悔しさ半分の一日だった。以後「仕掛けは常に万全に」を心掛けている。

『逃がした魚は大きかった…。　渓魚・アユ編』について

釣り人なら誰もが一度や二度は大ものに逃げられて悔しい思いをしていると思う。そしてどれだけ大ものを手にしてきたとしても、それ以上にバラした経験を、相手によっては姿すら見ることのできなかった失敗のほうを、より鮮明に覚えていたりするから不思議だ。それはたぶん、イメージを現実に置き換えていくことが釣りという遊びのもつ大きな要素だからではないだろうか。

バラした——あと一歩のところで、全く歯が立たず、仕掛けや所作に不備があった、あるいは思いもつかないことが起きて——しかし、何が原因であったとしても、その魚を手中にしない限り釣り人のイメージは決して完結しないのである。「いや～運が悪かった」などと口走ってみても、心のなかでは決して片付けることができない。ましてやその魚が、釣り人生で滅多に出会えない1尾だったとしたら？　バラしたショックに茫然自失となりながらも、「今度こそは！」と思うのが釣り人の性というものだ。

何が悪かったのか？　次は何をどうすればいいのか？　仕掛け？　サオ？　やり取り？　釣り人はどこかへ泳いで逃げてしまった己の釣りをなんとか取り戻そう、モノにしようと想像を巡らせ、リベンジを挑む……。

本書にはそんな釣り人たちの臨場感あふれるドキュメントが収載されています。アユ編は「尺アユ」をねらう友釣りマンたちのドラマが、渓魚編は対象魚や釣法もさまざまです。彼らの体験、試行錯誤は、きっと読者の方の共感を呼ぶとともに、明日の釣りの足元を照らしてくれることでしょう。

初出誌
渓魚編　月刊『つり人』２０１０年5月号、２０１１年3月号
アユ編　月刊『つり人』２００９年10月号、２０１０年10月号

逃《にが》がした魚《さかな》は大《おお》きかった…。
渓魚《けいぎょ》・アユ編《へん》

2011年3月1日発行

編　者　つり人社書籍編集部
発行者　鈴木康友
発行所　株式会社つり人社

〒101−8408　東京都千代田区神田神保町1−30−13
TEL 03−3294−0781（営業部）
TEL 03−3294−0766（編集部）
振替 00110−7−70582
印刷・製本　図書印刷株式会社

乱丁、落丁などありましたらお取り替えいたします。

ISBN978-4-88536-147-0 C2075
つり人社ホームページ　http://www.tsuribito.co.jp
いいつり人ドットジェーピー　http://e-tsuribito.jp/